歴史文化ライブラリー

595

名言・失言の近現代史 下

1946—

村瀬信一

吉川弘文館

目　次

派閥政治の行き着くところ

戦後政治の中の「ことば」――プロローグ

本書は『名言・失言の近現代史　上　一八六八―一九四五』を引き継ぐ戦後篇にあたる。したがって、視角も方針も、同書と全く同じである。

内向きの世界

ただ、とりあげた「ことば」のラインナップをあらためて眺めてみると、開かれた世界、特に国会の場で発せられたのが、最初の「吉田茂の「密」なる空間」で対象としたものだけであることに気づかされる。「宮沢喜一の大見得」の題材となった宮沢発言は、多くの人々が耳にしたが、テレビ番組の中でなされたからそうなったというものである。もとより、選択する基準は筆者の関心なり感性であるから、偶然の作用に過ぎないという見方も可能だろうが、それにしても、樺山資紀の「蛮勇演説」で始まり、「勅語奉答文の爆弾」や「名演説の舞台装置」において、帝国議会で生まれたドラマを取り上げ、斎藤隆夫の「粛軍演説」「反軍演説」で締めとなる前篇とは趣を異にしている。

なぜ内向きなのか

こうなった理由は二つあるように思う。

第一に、戦前の帝国議会がイギリスなどにならって本会議中心の審議であったのに対し、戦後の国会がアメリカ的な常任委員会中心の方式を採用したことである。このため、議員が本会議で長広舌をふるうような機会は少なくなった。審議の主要な舞台は、各省に対応して設置されている常任委員会に移り、内容的にも、細かい専門的な事項が多くなった。重要な事案の場合は、もっぱら予算委員会での質疑に委ねられた。

第二の要因は戦時体制体験とでもいうべきものである。昭和一二（一九三七）年の日中戦争勃発から昭和二〇年の敗戦に至る八年間は、戦後政治にも無視し得ぬ痕跡を残した。保守合同で自民党に結集した領袖たち、具体的には鳩山一郎・三木武吉は、社会党の有力者、西尾末広と反東条英機内閣運動（東条内閣を倒して講和をめざすもの）で同志であったし、岸信介が推進した反東条内閣運動（こちらは、東条を降ろして戦局の好転をはかる狙いであった）の同志にも、戦後の社会党参加者が含まれている。敗戦直後、鳩山が日本自由党を立ち上げた際には、西尾・水谷長三郎ら、社会党結成に流れていく人々が、計画の初動段階では参加していたりもした。

戦時体制という特殊な状況下、戦後政治で重要な役どころを務める政治家たちは、右か左かなどといっている場合ではない修羅場を踏んだ経験を共有していたのである。このような環境が、敗戦直後から保守合同までの時期において、一時的な連係も含めた党派の離合集散が比較的容易に行われた一因であったし、そのことは、国会とは別の場でなされる交渉や談合の比重を大きくする一方で、国会での熱のこもった、印象的な議論のそれを低下させた可能性を否定できない。

同窓会と新入生

自民党・社会党双方の有力者の多くが戦時中の苛烈な体験を共有していたという、いわば同窓会的人間関係は、敗戦後、少なくとも十数年間は強い影響力を保っていた。吉田茂以後、岸信介までの首相は、この同窓会の枠内にいた（戦前・戦中は言論人であった石橋湛山（いしばしたんざん）は、例外に属するであろうが）人物である。

同窓会の外にいた首相の時代は、岸の次の池田勇人（いけだはやと）からである。大蔵省出身の池田は、岸より三歳若いだけだが、岸が商工大臣として東条内閣に列した昭和一六（一九四一）年、難病で回り道をした末、やっと大蔵省主税局国税課長にたどり着いている。政治家としての出発点は戦後、吉田茂により代議士初当選直後に蔵相に抜擢されてからで、当然、同窓会員ではなく、新入生であった。同窓会員と、池田ら新入生たちの織りなす世界が、いわば初期戦後政治であったといえよう。

固まる内向きの世界

普通に考えれば、同窓会員はやがて高齢化し、退場していき、新入生たちの天下となるはずである。事実、池田における吉田茂のような、有力な庇護者を持っていたわけではない新入生の中からも、たとえば田中角栄・中曽根康弘といった人材が頭角を現していった。すでに岸内閣時代、両者は初入閣を果たしている（田中は昭和三二年の第一次改造内閣で郵政大臣、中曽根は昭和三四年の第二次改造内閣で科学技術庁長官）。

ただ、新世代登場は国会運営の新生面につながらなかった。本書の「社会党の歩めなかった道」でも触れているが、昭和三〇（一九五五）年に始まるいわゆる「五五年体制」（ここでは、社会党以下野党が、憲法改正阻止可能な衆院三分の一以上の議席数を安定的に占めている状態をさす）の成熟とともに、社会党が政権奪取を当面の目標とは考えなくなり、自民党も憲法改正を差し迫った課題として打ち出すことがなくなった結果、スケジュール化、ルーティーン化された国会運営が行われるようになった。世代交代は、国会の活性化にはつながらなかった。

本書の内容

以上述べたような次第なので、本書の題材となるのは、議論の場となるはずの国会ではなく、その裏舞台、もしくは全く別の場所で発せられたものがほとんどである。

そのことは、本書から開放感のようなものを奪うかもしれないが、逆に、表の世界が淡白になったのと反比例して、中味が濃くなった裏の世界の複雑さ、面白さをよりよく伝えることになるかもしれないし、それは現在の政治を知る手がかりにつながるかもしれない。そうであるならば、著者としてはささやかな喜びである。

戦後リーダーたちの口跡

吉田茂の「密」なる空間

——　　（『第一五国会予算委員会議録』第三一号）

ふざけるな、何で伏せ字なんだ、といわれればお説ごもっとも。しかし、国会の議事録から忠実に引用すると、こうならざるを得ないのである。昭和二八（一九五三）年二月二八日、衆院予算委員会での首相・吉田茂（よしだしげる）の、右派社会党・西村栄一（にしむらえいいち）代議士の質問（当時の国際情勢に対する吉田の認識をただした内容である）に対する答弁中の失言部分について、議事録にそうした処理がなされた。

そんなことが許されるのか、と疑問を抱かれる向きもあろうが、戦前にも似た実例がないわけではない。第五九帝国議会会期中の昭和六（一九三一）年二月三日、幣原喜重郎（しではらきじゅうろう）・

首相臨時代理（浜口雄幸首相は、前年一一月に東京駅で狙撃されて重傷を負ったため療養中）が衆院予算委員会で発した失言は、その後の与野党の話し合いで議事録から削除され、空白になっている。前年締結されたロンドン海軍軍縮条約の内容について、野党・政友会の中島知久平の質問に対し、幣原が天皇に責任を帰していると誤解されかねない答弁をし、議場に大混乱をもたらしたことが原因であった。いずれにせよ、異例の措置であることは間違いないが。

短く静かで重すぎる失言

それにしても、仮名なら五文字、漢字なら四文字という史上最短（一般には片仮名四文字に長音記号をつけた五文字による表現が多く使用されている）の失言で、吐かれた時の音量はほとんど呟きに近かったというのだから、その点でも画期的だろう。マイクという文明の利器も、とんだ罪つくりであった。そういう失言が政権の命取り。そんなことが実際におこったのである。失言の破壊力は長さや音量に比例しないものらしい。

また、これほど非政治的な失言もまれである。極言すれば、感情に駆られたというだけの、文字どおり無内容かつ無意味な失言なのである。吉田の愛娘・麻生和子（麻生太郎の母）によると、「――」は短気な吉田の、何か気に入らないことがあるとすぐ放つ口癖であったという（麻生和子『父　吉田茂』）。それを、よりによって国会答弁で吐いて

図1　吉田茂（国立国会図書館「近代日本人の肖像」）

しまうところに、吉田の政治家としての個性と、当時置かれていた状況が見てとれる。

短く長いプロセス

この頃の吉田は何しろ苛立っていた。盤石の第三次内閣（昭和二四年二月〜二七年一〇月）を率い、サンフランシスコ講和条約に調印して独立回復を達成したのが約一年半前、講和条約発効からは一年も経っていないというのに、あまりに急激な形勢悪化である。

重い課題を解決したことで、政権が活力を減退させ、人心が離れ始めるのは避けられない宿命である。昭和二六（一九五一）年九月、講和条約締結とほぼ同時に実施された世論調査によると内閣支持率は五八％であった。発足当初でないにもかかわらず、これだけの数字を叩き出したのは、国民が素直に独立を喜び、それを内閣の業績として評価したからであった。しかし半年後、講和条約発効直前、昭和二七年三月調査時は三三％と急落している。それに加え、独立回復にともない、占領時代の公職追放により政治活動を封じられていた鳩山一郎（はとやまいちろう）・三木武吉（みきぶきち）・河野一郎（こうのいちろう）・石橋湛山（いしばしたんざん）らが追放解除されて政界に復帰したことも、吉田にとっては脅威であった。

　復帰した政治家の中でも、戦前から立憲政友会の一方の雄として、長いキャリアを持つ鳩山は、昭和二一（一九四六）年にいち早く日本自由党を旗揚げし、翌年、戦後第一回の衆議院議員総選挙で勝利するも、組閣寸前で追放される悲運に見舞われた人物である。その追放の際、太平洋戦争中の反東条英機（とうじょうひでき）内閣運動の同志であった吉田に、追放解除後は党と政権を返す密約（少なくとも鳩山側の解釈ではそうであった）のもとに自由党を預け、彼としては決して短くはなかったであろう、四年の追放期間を耐えたのである。

図2　鳩山一郎（国立国会図書館「近代日本人の肖像」）

　ところが、いざ追放が解除されると、状況は鳩山の想定の範囲を越えていた。何より、復帰直前に鳩山自身が脳溢血に倒れ、回復はしたものの、政治活動が危ぶまれる状態となっていた。そして、吉田は鳩山に党も政権も返そうとはしなかった。鳩山不在の間、吉田も党内に自前の人脈を築き、自前の業績も挙げていたからである。しかも、密約を守る、守らないの問題にとどまらず、吉田が占領軍と共同で描いた戦後日本の設計図、特に、憲法問題ともからんだ、防衛のアメリカへの依存度など、その妥当性も争点として浮上した以上、対立は簡単に解消されるものとは考えられなかった。

抗争勃発

鳩山の健康問題もあって、とりあえず自由党に復帰してきた鳩山とその同志たちに対し、吉田は先制攻撃を仕掛けた。昭和二七（一九五二）年八月の「抜き打ち解散」である。これで鳩山系勢力を一気に叩こうとしたが失敗に終わってしまう。一〇月に行われた投票の結果は、自由党は過半数を維持したものの議席を減らし、党内は吉田・鳩山両派伯仲、帰属不明確な中間派が相当数に上ったのである。その後も吉田・鳩山両派の暗闘は激化の一途をたどっていった。

浮き足だった第四次吉田内閣は綻びが広がる。昭和二七年一一月二七日、衆院本会議において吉田の腹心・池田勇人通産大臣が、社会党の加藤勘十代議士の、自由党内閣の自由競争を過度に重視する経済政策が中小企業の経営を圧迫しているのではないかという質問に対し、正常な経済原則によらないことをやった経営者が倒産し、自殺に至るようなことがあったとしたら、気の毒だがやむを得ない、と答弁したことが問題となり、不信任案を浴びせられて辞任に追い込まれた。不信任案が可決されたのは、鳩山派を中心とする自由党反吉田グループの造反によるものであった。

この池田辞任劇だけでも相当な打撃であるのに、その三ヶ月後、今度は吉田の「――」である。反吉田派はさらに勢いづいた。左右の社会党以下野党が吉田への懲罰動議を出し、これが吉田失言から三日後、三月二日の衆院本会議で可決される。鳩山派に加え、吉田派の中で重きをなしていた農相・広川弘禅（ひろかわこうぜん）の一派が、鳩山派との通謀のもとに欠席したためであった。その流れのまま、三月一四日に内閣不信任案が可決されたが、吉田は強気を崩さず、解散に打って出る。世にいう「――解散」（これも前述のとおり、片仮名と長音記号で表記されることが多い）である。

しかし、四月に行われた選挙結果は吉田・鳩山両派痛み分け、間隙を縫って左右両社会党が伸びた。吉田は無所属議員を味方につけて第五次、最後の内閣を組織したが、翌昭和二九年、鳩山や岸信介らの反吉田勢力糾合工作が成功して日本民主党が結成され、左右両社会党と結び吉田政権打倒の旗幟を鮮明にすると、なお解散で抵抗しようとする吉田は党内で孤立し、ついに退陣に追い込まれた。同年一二月のことであった。

「密」を好み、「密」に好まれる

思い起こせば、吉田は国会という、開かれた議論の場があまり似合う人ではなかった。本人も自覚していたのではなかろうか。

失言とまではいえないにしても、昭和二一（一九四六）年に「帝国憲法改正案」、つまり日本国憲法の原案が帝国議会で審議された時、共産党の野坂参三代議士の、九条の戦争放棄条項に関する質問――自衛戦争まで否定するかのような条文は問題で、戦争一般ではなく、侵略戦争を放棄する形の条文にすべきではないか――に対し、「国家正当防衛権に依る戦争は正当なりとせらるるようであるが、私は斯くの如きことを認むることが有害であると思うのであります。近年の戦争は多くは国家防衛権の名に於て行われたることは顕著なる事実であります。故に正当防衛権を認むることが偶々戦争を誘発する所以であると思うのであります」（大嶽秀夫編『戦後日本防衛関係資料集』第一巻）と、自衛権そのものの否定と解釈されかねない答弁をしてしまい、後日、貴族院での審議で、国務大臣（憲法担当）の金森徳次郎が九条について、第一項は国家の自衛権を否定するものではないが、第二項で交戦権を否定している以上、自衛戦争も行えないということになると答弁し、軌道修正をはかる一齣があった。実は吉田も、提案理由の趣旨説明では金森のような論理を展開していたのである。共産党代議士相手でつい冷静さを欠いたのかもしれないが、国会答弁に感情をまじえるようでは首相失格である。この一例にも、吉田の何ものかが表れていよう。

国会が似合わないかわり、吉田は国会とは真逆の、「密」なる場がふさわしい政治家であった。言い換えれば、近しい関係を築いた人々との閉じられたコミュニティや空間を好み、それが適合する状況のもとで特に力を発揮するということである。吉田の義父は、外交官出身で文相やパリ講和会議次席全権を務めた後、宮内大臣・内大臣となった牧野伸顕で、その牧野の父は大久保利通である。大久保は、政治上の最高決定が大臣・参議の協議でなされていた議会開設以前、政治の言語空間が閉ざされていた時期の最高指導者であった。だからとはもちろんいえないが、吉田に「密」がつきものだったのは事実であった。

外交官から終戦工作へ

周知のように、吉田も牧野と同様に外交官出身であるが、ロンドン在勤時代、正規の交渉ルートであるイギリス外務省極東局を通さず、旧知のアメリカ局長・クレーギー、時には外務省そのものを飛び越え、チェンバレン蔵相など、政府内の実力者と直接交渉し、政治工作を行うことがあった（渡邉昭夫「吉田茂―状況思考の達人―」。渡邉昭夫編『戦後日本の宰相たち』所収）。その頃から、自分の人間関係に物を言わせた決着を好む傾向があった。

外務次官（田中義一・浜口雄幸両内閣時代）を頂点に退官したが、激動の政局が吉田をとらえて放さない。昭和一一（一九三六）年の二・二六事件のあと、同期入省の出世頭・広田弘毅が後継首班となると組閣参謀を務め（陸軍の妨害がなければ、外相として入閣するはずであった）、それから数年後、反東条英機内閣の策動に関わる。「密」なる活動の本格化である。その流れで反東条内閣運動の同志・近衛文麿の求めに応じ、早期和平の必要を訴える有名な上奏文を起草したが、それがもとで憲兵隊に逮捕され、数週間の獄中生活を味わう。最高に孤独で「密」な閉鎖空間を経験したのである。

しかし、こうした辛い体験が、彼を戦後に猛威をふるった公職追放の対象外に置き、政界での活躍の場を与えた。特に、鳩山一郎が公職追放で逼塞を余儀なくされていた時期、GHQの占領政策の重点が、日本の民主化よりも復興、さらにはアジアにおける反共の担い手に位置づける方向へと転換したことが決定的な追い風となって、吉田はGHQと極めて親密な関係を築き、全盛時代を謳歌することになる。

だが、占領が終わると、吉田にとって居心地のよい世界は消え失せてしまう。

「密」の終わり

後ろ盾であった占領軍は日本を去り、吉田は単に議院内閣制下の首相として国会に臨み、自由党総裁として党内の反吉田勢力と対峙しなければならなくなったのだが、吉田は、そのための資質と方法論を欠いていた。それを補う側近がいれば話は別であったが、彼の身近にいたのは池田勇人・佐藤栄作ら官僚出身の「吉田学校」の生徒たちであり、吉田に面を冒して直言することは困難であった。

「――――解散」を受けての総選挙で敗北してもなお、解散に打って出ようとする吉田に引導を渡したのが大野伴睦・松野鶴平といった、吉田派としては外様で、戦前からのキャリアを持つ党人系であったのは、その意味で象徴的であった。大野の回想によると、吉田がまさに引導を渡される現場にいた「吉田学校」の生徒たちは、「池田君は「大勢が反対ならいたし方がない」と黙然と腕を組んだまま。佐藤君はいかにとみると「私は総理のアトに従います。」とさめざめ、泣いている」（『大野伴睦回想録』）有様だったという。

吉田はどこまでも吉田

国会での吉田の、失言らしい失言が一回だけだったのに対し、生徒の池田勇人は、首相時代でないとはいえ、すでに前科二犯である。前述の通産大臣時代のものに加え、大蔵大臣であった昭和二五（一九五〇）年一二月七日の参院予算委員会での、労農党・木村禧八郎議員の消費者米価引き上げに関する質問に対する、いわゆる「貧乏人は麦を食え」失言でも痛い目にあっている。しかし、池田には大平正芳のような、池田の大蔵次官就任に際して「なるほど貴方は税のことは知っている。だが、「東洋経済」一つ、「エコノミスト」一つ、読んだことがあるまい。こういう貴方がもし次官になったら、明治の太政官時代以来の最悪の大蔵次官になってしまう。もしこのままやめれば、一人前の主税局長として、ちゃんと歴史に残るだろう。悪いことはいわぬ。思いとどまったがいい」（今井一男『実録　占領下の官公労争議と給与──大蔵省給与局長の回想──』）と、無遠慮なまでに耳の痛いことを直言してくれる、有能な側近が何人かいた。そして、池田にも彼らの意を受け容れる自己修正能力があった。しかし、「吉田学校」の

図３　池田勇人（国立国会図書館「近代日本人の肖像」）

校長には、上位者も、不興を買うことを恐れず諫言する者もいない。彼は彼であり続けるしかなかったのである。

大野伴睦は、吉田政権下の閣議について、次のような回想を残している。

「閣議をすっぽらかすことで吉田さんは、当時有名だったが、その実はなかなか閣議好きだった。各大臣の所管事項を聞きながら、さかんにお得意の皮肉やしゃれを飛ばす。まるで、ユーモアをいいにくるために閣議を主宰しているようだった。私はながながと所管事項の説明をやられるのには退屈したが、吉田さんのしゃれで、どうやら救われていた」。

政治の実際を知らない者としては、まず首相が「閣議をすっぽらかす」などということがあり得るのか、と突っ込みたくなるが、相当後の時期とはいえ、竹下登から村山富市まで七人の首相に内閣官房副長官として仕え、約八年間を官邸で過ごした石原信雄（元・自治省事務次官）の、「変な話ですが、総理大臣はいなくても代理がいれば閣議ができるんですが、官房副長官がいないと閣議ができないんです」（『首相官邸の決断―内閣官房副長官石原信雄の2600日間―』）という回想もある。こうした状況がすでに定着していたということかもしれない。

しかし、本章の文脈でより興味深いのは、大野が吉田政権時代の閣議に侍っていたのが、吉田の最後の政権、第五次内閣であった（国務大臣・北海道開発庁長官。大野の生涯唯一の閣僚歴である）ことである。少数与党による、いわば八方塞がり状態にもかかわらず、吉田は自分だけの心地よい、密な空間を、好きな時に好きなだけ楽しむスタイルを崩していなかった。自らの美学・信条に殉じたか、それとも意地か、はたまた虚勢か。とにかく、吉田は吉田に徹しきったのである。

「密」の復活

政権の座から降りた後、吉田はそのまま逼塞したりはしなかった。むしろ、第一線を退いたことで、吉田には大御所、黒幕として「密」なる活躍の場ができた。鳩山内閣が手がけた日ソ国交回復交渉に対しては、外務省に残る吉田系勢力を動かして妨害しようとしたし、佐藤栄作を中心とする、旧自由党系を主体とする鳩山内閣打倒の策動にも関与した。吉田が老いの身を養う大磯は、政治的策源地にもなっていたのである。

この時代になっても、吉田の脳裡には、まだかつての「吉田学校」が生きていたのだろうか。鳩山退陣後、短期間だった石橋湛山政権から岸信介政権を経て、吉田門下の優等生・池田勇人が総理総裁となると、池田の次は佐藤栄作、という未来図を確実なものにしようとした。そこで、亡霊のごとく「密」約が登場するのである。

池田が組閣後初の総選挙、昭和三五（一九六〇）年一一月の総選挙に勝利を収めた直後、箱根での静養の帰途、大磯の吉田邸に立ち寄った際、そこに来ていた佐藤から、次期政権を自分に譲ってくれといわれる。その場にいたのは、他に吉田と、吉田系の重鎮で当時自民党幹事長の益谷秀次（ますたにしゅうじ）。池田に同行した秘書官・伊藤昌哉（いとうまさや）によると、吉田邸を辞去する際、池田は、佐藤の要求に対し「やるよ」と返事した旨、伊藤に話したという。

同じ「やるよ」でも、必ず譲ります、と、その時期になったらくれてやる、では随分違う。この時は後者に近かっただろう。池田が付け加えた「いつやめるともわからんじゃないか。証文は書いてないよ」という言葉に、伊藤が、足下を冷風が吹き抜けるような感じを覚えた（伊藤『池田勇人　その生と死』）のは、それを察知したからだろう。

吉田の心情は理解できなくはない。しかし、自分と益谷を生き証人にして、将来の佐藤への政権譲渡を約束させるというのは、政権継承後初の総選挙に無事勝利をおさめた首相にとる態度ではなかった。池田も、もうかつてのような従順な生徒ではなくなっている。池田はすでに独自の良質なブレーンを持っていただけでなく、やがて吉田がかつて最も嫌った仇敵、河野一郎に急接近していった。吉田が書翰（しょかん）で河野と関係を断つよう働きかけても聞き入れなかったし、素直に佐藤への禅譲（ぜんじょう）に動く姿勢も見せなかった。吉田が見ていたのはもはや「吉田学校」ではなく、その幻影であった。

池田が佐藤を破って総裁三選をかちとった直後に癌に倒れ、後継に佐藤を指名したのを見届けられて、吉田は安心したであろうが、その佐藤との争いに力をつかい果たしたかのごとく退陣し、翌年死去した池田をどう見ていたのだろうか。

「密」からの解放

図4　佐藤栄作

池田の死の翌々年、昭和四二（一九六七）年に吉田は八九歳での大往生を遂げ、「密」なる政治手法が冴え渡っていた時代の功績を称えられ、国葬という、「密」ならぬ最高に開かれたかたちで葬られた――こう書けば、彼はあの世で、つまらない落ちをつけるな、ばかやろう、と、今度はマイク要らずの大声で怒鳴るかもしれない。

「ばかやろう」――ようやく、失言は伏せ字の衣を脱ぐ。「ばかやろう」は、愛娘・麻生和子が父親との交流を回想した『父　吉田茂』での表記である。平仮名の丸みが醸し出す、柔らかい空気感は侮れない。本章の他の箇所なら片仮名と長音記号でよいが、吉田が懲罰動議も内閣不信任案もない世界に旅立った後なら、親族の優しさに満ちたこれがふさわしかろう。吉田の、誰を憚ることもない怒声も、満足の笑顔をともなうことだろう。

政治家・西尾末広の死ぬ時

> 福田君、君の考え方はよくわかった。私を首班に推してもらって、感激に堪えない。しかし、いろいろ考えてみたんだが、西尾首班ということになれば、私は政治家としてここで死ぬことになるんだ。西尾末広（にしおすえひろ）が日本のためにもっと必要とされる時期があるんじゃないかと思う。この際は、僕の命を助けてくれ。（福田赳夫『回顧九十年』）

時は昭和三五（一九六〇）年の梅雨の頃、場所は麻布（あざぶ）の某所。二人の男が相対していた。炯々（けいけい）たる眼光がただ者ではない、古稀近い男と、痩躯（そうく）にして細面、いかにも頭脳がすばしこく動きそうな壮年の男。古稀近い男が声を絞り出すように、ここに掲げた台詞——本書で取り上げた中で、最も含みが多く、余韻が深いかもしれない——を吐いた時、壮年の男

図5　西尾末広（国立国会図書館「近代日本人の肖像」）

は、自分が案出した政治工作の挫折を知る。保守合同後初の、保守政党と社会民主主義政党との連立政権が、まぼろしとなった瞬間であった。

それぞれの事情

古稀近い男——民主社会党（以下、民社党と略す。昭和四四年からは正式名称としても民社党）委員長・西尾末広が、首相・岸信介の懐刀で、すぐ後には岸の派閥も継承することになる壮年の男——農相・福田赳夫からその話を持ちかけられた時には、相応に驚いたはずである。今日の混乱を鎮め、人心の安定を図るには、わが自民党と、あなたの率いる民社党との連立政権をつくる以外にありません、ついては、その首班になっていただきたい。福田はそう口説いたのである。

西尾は、考えてみる価値はあると判断したか、乗り気になった。福田の目にはそう映ったし（三回会ったうちの二回目までは乗り気であったという。冒頭に掲げた台詞は三回目の会見時である）、そうなっておかしくない事情が、西尾・福田両者にあったのである。

福田の事情

まず持ちかけた方の福田。福田が閣僚としても派閥構成員としても仕えてきた岸信介は昭和三五（一九六〇）年六月二三日、退陣を表明した。吉田茂がサンフランシスコ講和条約締結にこぎ着け、占領状態を終わらせて日本の独立を回復したのと同時に、アメリカとの間に締結した日米安全保障条約は、日本の防衛がアメリカの義務であることが明記されていない、また、そもそも期限が定められていない、その反面、日本に内乱が起こった場合などのアメリカ軍の治安出動が可能、在日米軍基地の使用方法について日本の発言権がない等の重大な問題点があり、岸はそれらを是正し、より対等な内容に改定しようとしたのであった。

それについては充分な成果を得たが、強引に過ぎる政治手法は多くの摩擦と批判を誘発した。特に、衆議院での条約審議に際し、国会に警官隊を導入して会期延長・条約批准を強行採決したことは決定的で、国会が完全に機能を停止したばかりか、デモ隊の国会乱入による混乱の中、東大生の死亡事件まで発生した。安保改定実現の代償にこれだけの事態を引き起こした以上、政権の存続は困難と考えられた。

自民・民社連立構想

退陣は致し方ないとして、あとをどうするか――岸からこれを相談された福田は、「あれだけの大騒動の後だけに、通常の内閣交代ではとても乗り切れないと思います。西尾末広さん（民社党委員長）を担ぎ出したらいかがでしょう。西尾さんなら労働者にも理解が得られるし、自民党でも信頼する人は多い。岸さんの決断があれば、実現するでしょう」と進言した（前掲『回顧九十年』）。

安保条約改定問題は、確かに深い亀裂を社会に残した。それは、昨今でいう「分断」に近かったかもしれない。「あれだけ荒んだ民心を鎮静化するためには左翼にも影響力のある内閣でなければならない」と考えた、と福田は述懐している（同）。岸が退陣して同じ自民党の誰かに政権を譲るのでは平時の手続きに過ぎず、人心の離反を防げないと判断したのだろう。ヒントになったのはイギリスの先例であった。マクドナルド労働党内閣の世界恐慌対策失敗により発生した政治危機を打開するため、一九三一年、労働党を除名されたマクドナルドを首班とし、保守党を主体に自由党も加えた挙国一致内閣が成立、金本位制停止などの緊急対策で混乱収拾にあたった歴史にならおうとしたのである。福田は、大蔵省入省直後、まさに挙国一致内閣下のイギリスに滞在した経験があったのである。

図6　福田赳夫（共同通信社提供）

福田の構想を聞いた岸は、何事かためらう風で、ゴーサインを出すのに二、三日かかった。福田の推察では、前年一月に副総裁・大野伴睦との間にかわした政権譲渡密約との兼ね合いを懸念しているらしかった。『名言・失言の近現代史　上　一八六八―一九四五』所収の「床次竹二郎の未練」でも触れたように、密約成立の時点で岸は、状況が変われば自動的に密約は無効となる旨当事者たちに宣言しており、事実その後の内閣改造の際、当事者のひとり河野一郎が離反したことにより無効化していたはずだが、そこは冷徹を以て鳴る岸も、流石に人間だったということだろう。大野の執着を心配せざるを得ず、踏ん切りをつけるのに時間を要したのである。それさえクリアできれば、「西尾首班」そのものに抵抗はなかったはずである。

図7　岸信介（国立国会図書館「近代日本人の肖像」）

もともと、戦前商工省の官僚であった頃の岸は、「官」が適切な統制を加えることで、昭和恐慌後の日本の産業合理化や、満州国の産業建設に成功した経験を持っており、社会民主主義的な発想に親和性があった。A級戦犯容疑者として逮捕されたが不起訴となり、講和条約後に政治活動を再開した際には、社会党も含めた勢力結集を目論んだし、それが頓挫した後には、右派社会党入りも考えたことがあったのである。

社会党の来歴

一方、西尾の側には、緊急避難的な意味合いの強い福田のそれと比較した場合、ずっと長く、込み入った曰く因縁がある。西尾は前年、住み慣れた社会党という、一筋縄ではいかない党を同志とともに離党、この年一月に民社党を旗揚げするという、政治家人生最大の決断を下したばかりであった。したがって、西尾よりもまず、前提として社会党の歩みを説明しなければならない。

社会党は、戦前に活動していた無産政党（「国体」と私有財産制度を否定しないことにより、治安維持法下でも存在と活動を許された左翼政党）の系譜を引く諸勢力の大同団結の結果、敗戦から三ヶ月後の昭和二〇（一九四五）年一一月二日に日比谷公会堂で結党大会を迎えている。西尾は、そこに結集した中の幹部クラスのひとりであった。

戦前の無産政党は、政友会・民政党といった既成政党よりはるかに少数勢力であったが、だからまとまりがいいとはいえなかった。自由民権運動以来の歴史を持つ既成政党と異なり、時間の経過による発酵過程のようなものを経ていないだけに、出発点、つまり労働運動出身か農民運動から入ったかといった違い、あるいは共産主義との距離感の差というような条件により、離合集散が発生しやすかったのである。

大まかな過程としては、大正一五（一九二六）年三月に結成された労働農民党が無産政党の源流であるが、半年もしない内に共産主義者の入党をめぐり内紛が発生し、共産主義と階級闘争論を容認しない吉野作造（よしのさくぞう）・片山哲（かたやまてつ）、そして西尾ら右派が離脱し、同年一二月五日、社会民衆党を結成する。戦後の社会党西尾派、さらには民社党へという人脈であった。昭和三（一九二八）年、普選第一回の総選挙で初めて誕生した無産政党代議士八名に、西尾も名を連ねている。

社会民衆党誕生の四日後、麻生久（あそうひさし）・浅沼稲次郎（あさぬまいねじろう）らマルクス主義に立つ人々がやはり労働農民党から脱し、中間派たる日本労農党をつくった。戦後、社会党中間派の位置を占める河上丈太郎（かわかみじょうたろう）派に連なる人脈である。

一方、前二者とは別に戦後の社会党左派の源流となったのは、マルクス主義を信奉しつつ共産党と距離を保つ人々、具体的には山川均（やまかわひとし）・堺利彦（さかいとしひこ）、そして戦後、社会党内で西尾と深刻な対立を展開していく鈴木茂三郎（すずきもさぶろう）らで、彼らは昭和三年七月に無産大衆党を結成する。その多くが九年後の昭和一二年三月創立の日本無産党に結集した。

これらのうち、社会民衆党と、日本労農党の流れが昭和七年に社会大衆党に統一され、同一二年の総選挙で当選者を三七にまで伸ばすなどしたが、やがて、無産政党の人々は厳しく複雑なフィルターを通り抜けることになる。戦時体制である。それとどう関わってきたかが、それぞれの戦後の歩みに陰影を与えることになった。

戦時体制下の動向

西尾ら右派は弾圧を回避しつつ、戦時体制と比較的うまく距離をとっており、特に西尾は、反東条内閣運動で鳩山一郎らと行動をともにしていた。一方、中間派からは、右派よりも積極的に戦時体制へ協力した人々が多く出た。リーダーの河上丈太郎自身、大政翼賛会の役員に列したため公職追放にあっている。そのような経緯が影響し、河上以下中間派の人々には、戦時中の自らの行動に対する贖罪意識が強く、その分、日本国憲法擁護に熱心であり、後に政治的スタンスで近いはずの西尾らが脱党して民社党を結成する際も、一部を除いて同調しなかった（楠精一郎「60年安保と解釈改憲の定着」）。これら複雑な来歴を持つ諸勢力が、戦後の混乱の中で社会党を結成した。委員長は当面空席、書記長が片山哲、西尾は議会対策部長を務めることになった。

西尾の戦後

この社会党が、戦後二回目の総選挙で第一党となった。『名言・失言の近現代史　上　一八六八―一九四五』所収「斎藤隆夫の標的」の末尾で触れた、斎藤隆夫が一瞬の夢を見た昭和二二（一九四七）年四月二五日投票の総選挙である。開票当日、西尾（この時には書記長に昇格していた。委員長は片山哲）は、自分の選挙区のある大阪から上京し、汽車から降りて向かった東京駅の改札口で、駆けつけていた数名の新聞記者から社会党が第一党になったことを聞かされ、「そいつぁえらいこっちゃぁ」と絶叫し、記者たちの爆笑を浴びる（西尾末広『西尾末広の政治覚書』）。確かに、第一党になったのは間違いなく「えらいこっちゃぁ」であった。

だが、真の「えらいこっちゃぁ」は、そこから先の組閣工作である。第一党になったとはいっても、獲得議席数（社会一四三、自由一三一、民主一二六、国民協同三一）からいって連立内閣にならざるを得ず、その組み合わせをどうするかは難問であった。具体的にいえば、首班は第一党の党首・片山哲を据えるとして、議席数を伸ばして勝利を得た社会・民主・国民協同の三党連立か、敗北して第二党に転落した第一次吉田茂内閣の与党・自由党も加えた四党連立にするかという選択である。そのことを協議する四党連立会談は、元々関係のよくなかった吉田と芦田均（民主党総裁）、また自由党幹事長・大野伴睦と芦田との対立の場となり、何とかまとめようとする西尾を悩ませた。

結局、自由党は下野して三党連立の片山内閣が成立するのであるが、それにあたって決定的だったのは、自由党が社会党に左派を切ることを要求したことであった。「今日の閣議の機密を明日にはモスクワに知らせる分子が社会党のなかにいるので、わが党としては協力するわけにはいかない」（『大野伴睦回想録』）という理由からである。

図８　大野伴睦（共同通信社提供）

寝業師・西尾

しかし、ここからの西尾の粘り腰は、これから八年後、昭和三〇（一九五五）年の保守合同の際、吉田派の古狸として鳩山派の寝業師・三木武吉と渡り合った大野をして、なお驚嘆させるものがあった。

物別れに終わった四党会談の別れ際、西尾は小声で「今夜、もう一度だけ秘密に会ってもらえませんか」と大野に耳打ちする。同日深夜、約束の木挽町の料亭で第二ラウンドの大野・西尾会談（社会党から他の同席者もいたが）が行われ、西尾は大野に内務大臣ポスト（日本国憲法施行前だったので、まだ内務省が存在した）を提示して口説きにかかる。これも押し問答の末に夜が明けると、西尾は帰ろうとする大野に、本日昼にもう一度吉田総理に会わせて欲しいと頼み、午前一〇時頃、首相官邸で吉田に会った。

何としても挙国一致内閣を実現したいので自由党にも協力をお願いする、左派を切るのは無理なので、閣議の機密保持は自分が責任を持つ、さらに「でき得べくんば外務大臣に、吉田さんをお願いしたいとさえ考えているのです」という殺し文句まで繰り出す西尾の交渉術に、大野は「この辺のカケ引き具合は、ちょっとした保守政治家も顔負けである」（『大野伴睦回想録』）と舌を巻いた。

西尾という人は、高等教育を受けていない。片山哲や河上丈太郎が東京帝国大学法学部を出た弁護士であるのとは対照的で、現在の香川県高松市に生まれ、一五歳で入った大阪砲兵工廠（ほうへいこうしょう）の旋盤工（せんばんこう）見習いを振り出しに各地の工場で労働に従事した後、労働運動に入って争議の指導に当たったという、文字どおり現場の叩き上げである。学歴こそないが、世間を、そして人間を熟知していた。その分、政友会の院外団からのし上がった大野伴睦とも通じ合う面があったし、何よりインテリ党員にはない逞（たくま）しさ、行動力を持っていた。

西尾は、大阪市内の銀行で玉音放送を聞いた直後、京都に住む同志・水谷長三郎（みずたにちょうざぶろう）を訪ね、早速、社会主義政党創立を相談している。このような個性が、西尾を社会党の重鎮に押し上げただけでなく、自民党の政治家からも一目置かれる存在にした。しかし、同時に、社会党内から嫉妬と疑惑を注がれる原因にもなった。

報われぬ苦闘

保守政治家とも互角に渡り合える西尾は、三党連立で成立した片山哲内閣を官房長官として、連立の構成はそのままに片山内閣を継いだ芦田均内閣を国務大臣副総理として、懸命に支えた。だが、連立を維持することと自体の難しさや、閣僚の行政経験の乏しさは覆うべくもなく、それに加えて社会党の内部対立が政権を揺さぶった。

片山内閣は、衆院予算委員長を務めていた鈴木茂三郎ら社会党左派の造反で倒れている。後継の芦田内閣は汚職事件に翻弄されて破綻したが、西尾は、心ならずもその汚職事件の主人公になってしまう。まず、政権発足から三ヶ月後の昭和二三（一九四八）年六月、建設業者からの政治献金事件の証人として喚問され、五〇万円の授受を認めた（後に最高裁で無罪が確定している）。それを受けて不信任案を浴びせられ、予算成立後の七月初旬に辞任したが、これに続いて昭和電工（しょうわでんこう）事件が突発する。

昭和一四（一九三九）年に味の素傘下の昭和肥料と、森矗昶（もりのぶてる）が創立した日本電気という、二つの会社の合併から出発し、化学工業会社として急成長を遂げていた昭和電工は、敗戦直後から、農業の復興に大きな需要の見込める硫安（りゅうあん）肥料の生産に注力しようとし、工場を拡充する資金を復興金融金庫（現在の日本政策投資銀行の前身の一つ。経済復興のため政策上重要な事業に長期の資金を融資する機関）に仰ぎ、三〇億円の巨額融資を受けたのだが、さらに融資を上積みしようとした当時の社長・日野原節三（ひのはらせつぞう）が、政府高官や政府金融機関幹部に三〇〇〇万円にも及ぶ贈賄を行った事実が発覚する。復興金融金庫の資金を、いかなる産業のどの会社にまわすかの選択には、政策的判断がからみやすかったのである。九月には、大蔵省主計局長・福田赳夫、経済安定本部（のち経済企画庁。現在は内閣府の一部）

長官・栗栖赳夫が逮捕、一〇月には西尾が逮捕された。芦田首相自身の関与も噂され、首相をやめてから実際に逮捕されている。

この昭和電工事件、略して昭電事件で運命の狂った人物は少なくない。西尾はもとより、大蔵省で官房長などを経て銀行局長から主計局長と、次官への道を爆走していた福田赳夫もそのひとりであった（昭和二五年一一月に大蔵省退職、政界に転身し無所属で二回当選後、吉田茂の自由党入りするも短期間で脱党、鳩山陣営に身を投ずる）。後年、連立内閣の首班問題で膝詰め談判をするとは、西尾も福田も夢想だにしなかったに違いない。

かくも重き不在

西尾の負った運命は過酷だった。

昭電事件による逮捕と時を同じくして、社会党中央執行委員会が彼の除名を決定した。労働運動に入ってから「三十年来、手塩にかけて来た」（『西尾末広の政治覚書』）と自負する労働組合の全国組織、総同盟も除名された。追い打ちをかけるように、翌昭和二四（一九四九）年一月の総選挙——片山・芦田両内閣で与党であった各党は軒並み惨敗し、吉田茂が第二次政権を固めた——で落選の憂き目をみる（片山哲以下、社会党幹部の多くがこの時議席を失った）。西尾の存在は、少なくとも表舞台からは消えた。

この西尾の辛い雌伏時代は、社会党にも試練が襲った時期である。日本が占領を脱し、独立を回復するサンフランシスコ講和会議に直面して、社会党は左右に分裂している。

昭和二六（一九五一）年九月八日に、講和条約と日米安保条約の調印がなされたが、講和条約にはソ連・ポーランド・チェコスロバキアが調印を拒否した。中国（中華人民共和国）と台湾（国民政府）がともに会議に招待されなかったことと、西側主導の講和会議のあり方への不満が理由であった。

この結果を受けて、社会党は講和・安保の両条約に対する態度決定を迫られたのだが、一〇月二三日開催の第八回臨時党大会は紛糾し、翌二四日、分裂が決定的となった。右派は講和条約（資本主義陣営＝西側諸国のみとの講和）賛成、日米安保条約反対であったのに対し、左派は両方に反対であった。この間の調整ができなかったのである。

分裂後、左右両社会党は総選挙のたびごとに議席を伸ばしていった。左派社会党において、その傾向は特に目覚ましかった。要因は、中国の共産化や朝鮮戦争の影響により、アメリカが日本の再軍備を望むようになり、吉田政権もそれにある程度応ぜざるを得なかった経過が、当時の日本人にまだ生々しかった戦争の記憶をよびさましたことや、保守陣営が吉田茂・鳩山一郎両派の対立に明け暮れていたことが大きいだろう。

雌伏からの復活

分裂は西尾に復活の機会を与えた。昭和二七（一九五二）年八月、右派社会党への復帰がかない、「吉田茂の「密」なる空間」で述べた、吉田が鳩山とその配下を潰すべく仕掛けた「抜き打ち解散」による総選挙で、国会への復帰も果たした。雌伏期間、友人たちが西尾のためにつくってくれた研究団体「時局研究会」は、唐島基智三（政治評論家）・法眼晋作（外交官）・伍堂輝雄（日本鋼管取締役）ら、多彩な人材との交流の機会を提供している。この右派社会党時代が、西尾にとって最も平穏で、幸福な時代だったかもしれない。

だが、昭和二九年に入って左右両社会党に再統一の機運が出てきたことが、再び西尾の運命に暗い影を投げかけるのである。

歓迎されざる復活

昭和二九（一九五四）年五月三日付の時局研究会パンフレットに、西尾は社会党再統一について論文を発表し、「無原理、無原則の無条件即時統一論」に、次のような警鐘を鳴らした。

今日になって簡単に再統一できるのであれば、そもそも分裂などしていない。分裂は、講和条約という、重大な外交問題について埋めがたい見解の相違があったためであり、根深い相違は労働政策や防衛政策といった方面にも存在しているが、それはたまたまそうなったのではなく、世界観の違いに由来するものである。左派がマルクス主義に立脚し、暴力革命をあえて辞さないのに対し、右派は暴力革命を否定し、議会制民主主義に基づく政権交代を認めている。このような根本的イデオロギーなり世界観の不一致を放置したまま、再統一を考えるのは無責任である。そうである以上、再統一を考えるなら、まず社会党をいかなる政党にすべきかについて、明確な見解をまとめるべきである。戦前における野党的、無産政党的感覚で批判と反対にのみ終始するような態度であれば、国民が安心して政権を任せられる政党にはなれない。真に政権を担い得る政党になるためには、マルクス主義的な労働者偏重の階級政党から脱皮して、勤労諸階層を広く基盤にした国民政党にならなければならない（『西尾末広の政治覚書』）。

復党以後、「幹部会に出席して、時に発言することはあったが、大体において、積極的発言は差控えていた」（同）西尾のこの論文が、左派社会党の警戒心を呼び起こし、その後の展開の伏線になった可能性は否定できない。合同後の社会党に宿痾（しゅくあ）のようにつきまとった問題点を的確に指摘していたし、付け加えれば、西尾自身の運命を予見してもいた。

不安な再統一

他方、再統一の気運そのものは大きなうねりとなり、西尾の慎重論程度で止められるものではなかった。保守陣営が吉田・鳩山の対立で揺れている事実は、社会党にとってチャンスであることは間違いなかった。昭和三〇（一九五五）年一〇月、四年間の分裂状態を経て左右社会党は再統一され、一つの日本社会党となった。委員長は左派の鈴木茂三郎、書記長は右派の浅沼稲次郎であった。

この再統一は、委員長に就任したのが左派のリーダー鈴木であった事実に示されるように、基本的には左派優位のそれであった。分裂後の議席数の伸びの比較において、そうならざるを得なかったのであるが、それとともに、右派の中から固有の事情により左派へ秋波を送るような動きが見られたことも小さくなかった。

西尾が右派社会党に復帰したのと同時に、同党委員長に就任したのが前年に公職追放が解除された河上丈太郎であった。河上派は、当時吉田政権下で進行しつつあった、自衛隊創設に至る路線に警戒を強めており、再軍備より国民生活安定を、という方針であった。しかし、西尾派は政権担当能力を国民にアピールできる現実的な政策提示を重視しており、再軍備を即違憲とする方針をとることに積極的ではなかった。

この両派の対立関係が露わになったのが昭和二九（一九五四）年一月の右派社会党第一二回大会で、河上委員長が、再軍備への動きを速める保守陣営と対決すべく、護憲の立場を堅持する決意を表明したのに対し、西尾派は改憲を容認する運動方針修正案を提出するなど紛糾している。河上派としては、西尾派の動きを封ずるため、護憲という立場の共通性を生かし、左派との合同を模索せざるを得なかった事情を抱えていたのである。

大いなる分岐点

再統一から三年後の昭和三三（一九五八）年は、社会党の歴史で重要な意味を持つ年になった。そして、この年の社会党に起きたことは、西尾に不利な方向に作用した。

まず総選挙があった。前年、石橋湛山の病気による退陣を受けて組閣した岸信介首相にとっては、政権基盤強化のために早晩必要であったし、社会党にとっては、再統一後初の総選挙に期するところが大きかった。

五月二二日に行われた投票の結果、与党・自民党は二八七議席を獲得して勝利を収めた。社会党の方は一六六議席を獲得して解散前から八議席伸ばし、社会党史上最高の結果を得たが、勝利とはいえなかった。なぜなら、この時は政権奪取に本腰を入れて、衆院総定数の過半数を越える候補者を立てたからである。以後、社会党が総定数の過半数を越える候補者を立てることはなくなった。この総選挙結果は伸び悩みと総括され、以後、党としてどのように運動を立て直していくかという「再建論争」が党内に湧き起こる。

不本意な結果しか得られなかった組織が、その結果を直視し、総括・点検した上で、軌道修正を図っていくのは当然である。しかし、それをうまくやりとげることは難しい。この時の社会党の「再建論争」の場合、とても成功とはいえない。問題を単純化し、単一の敵をつくり、その敵さえ排除すれば事足れりとする、最も安易な方向に走ったといえる。

「再建論争」の標的

その敵とされたのがまさに西尾であった。「再建論争」のはずが、結果的に左派の理論的指導者である向坂逸郎（さきさかいつろう）（九州大学教授）らによる西尾への個人攻撃に堕した（前掲楠精一郎「60年安保と解釈改憲の定着」）。西尾は、この昭和三三（一九五八）年の一一月に昭電事件の無罪が確定し、それを受けて岸首相まで出席した祝賀パーティーが開かれた。また、二年前、昭和三一年に「中曽根康弘の語る「怨みつらみ」」でも触れる「ハンガリー事件」が起こった際、西尾は独自の行動をとっている。

ハンガリー事件とは、ハンガリー勤労党（共産党）の強権的な支配に対する民衆の抵抗が激化、それにソ連軍が介入したため武力衝突が発生し、多数の死者と西側への亡命者を出した末、ハンガリー全土がソ連軍の制圧下に入った事態をさしている。社会党の大勢としては、ハンガリー民衆の抵抗を「反革命」と決めつける左派の方針に従ったのだが、西尾は日本ハンガリア救援会を立ちあげ、ハンガリー民衆への支援活動を活発に行った。

自民党にもシンパがいて、その一方でソ連に思い入れを持たないとなれば、左派にとってもともと鬱陶しい存在であり、叩きやすい対象である。ああいうやつがいるから、党は足を引っ張られたのだ――そんな印象操作は簡単だっただろう。「再建論争」の帰結は、伸び悩みの総選挙の翌年、昭和三四（一九五九）年九月の社会党第一六回大会において、左派が持ち出した西尾除名要求であった。同年四月の統一地方選挙、六月の参議院選挙がともに社会党にとって芳しからぬ結果だったことも、かえって西尾放逐に好適な環境をつくったといってよいかもしれない。

西尾としては、もう我慢の限界だった。除名要求が出された党大会の翌一〇月、西尾派の衆議院議員二〇名、参議院議員一二名が離党した。それにやや遅れて河上派の中の一二名も離党し、これらを母体として昭和三五年一月二四日、民社党が結成された。岸内閣による、新安保条約調印と相前後する時期である。そこから約半年間続いた安保改定をめぐる狂瀾(きょうらん)に、あえて触れる必要はあるまい。岸内閣は傷つき、幕引きを模索する中で、福田赳夫が献策した、西尾首班の自民・民社連立構想にたどり着いたのである。

「死ぬこと」の意味

ようやく、西尾のことばそのものに触れることができるところまで来たが、実際に真意を読むことは難しい。連立内閣の首班を引き受けることが、なぜ政治家・西尾末広の死につながるのか――すっきりした、説得的な解釈は困難だろう。西尾と福田の間でどのようなやりとりがあったのかがほとんど伝わっていない以上、推論すら簡単ではない。

極めて単純かつ俗な視点からは、西尾も結局権力に魂を売るのか、という誹(そし)りを嫌ったとの推測が可能である。ただ、受諾した場合に失うものとして、個人的な体面だけを西尾が想定していたとするのは、あまりに短絡的であろう。それでかたづけてしまうには、西尾という人物は合理的かつ政治的でありすぎるし、そこまでの歩みが重すぎる。

福田と三回面談し、二回目までは前向きだった。出発間もない民社党が、西尾を首班として自民党と連立政権を組み、どのような効果があるか、望ましい化学反応のようなものが起こるだろうか――西尾は冷静に検討したはずである。

何をなし得るか、その代償に何を失うか。

たとえば、西尾は岸内閣の進めた安保改定に賛成だったわけではない。安保条約自体は最終的に解消すべきものとも考えていた。しかし、社会党が防衛政策として掲げていた日米中ソ四か国の集団安全保障体制については、理想としてはともかく、すぐに実現できない以上、理想に到達するまでの間の日本の防衛をどうするのか、この点について対案を出さなければ国民の支持が得られないと指摘していた（除名が決定された党大会における弁明演説。『西尾末広の政治覚書』）。

自民党と組んだ政権を率いたとして、政策面でどれほどの民社党色を出せるのか。種々考え、悩んだ末に見送りとなった。そう考えるのが、西尾にふさわしいように思う。せっかく社会党を飛び出して新党をつくったのだ、地道に勢力を養い、機会を待つべきだ――その方が西尾らしいだろう。

死ぬには早すぎる

福田から連立政権の首班を、と口説かれた時、西尾は満六九歳であった。この当時の日本人男性の平均寿命が約六五・三歳であった（厚生労働省ＨＰによる）ことを考えれば、相当な高齢である。体力に自信があったのだろうといわれればそれまでだが、それにしても、この年齢で、社会党の西尾末広という看板を捨てて新党をつくり、なおかつ「西尾末広が日本のためにもっと必要とされる時期があるんじゃないかと思う」という台詞を吐くことは、簡単にできるものではない。六九歳の連立政権の首班より、六九歳の少数野党の委員長を選ばせるような、客観的な政策上の問題とは別の、強烈な思いがあったのではなかろうか。そして、それは社会党が西尾を追放した過程において、極点(きょくてん)といえる熱度にまで達したように感ぜられる。

既述のとおり、昭和三三（一九五八）年の、社会党にとって微増に終わり、実質的に敗北であった総選挙の総括が結果的に西尾への個人攻撃となり、ついには西尾が離党することになるのだが、西尾への攻撃の前段階において、西尾にも既視感があったはずの、絶望的に不毛な論争が社会党内に起こっていたのである。それは、社会党は「国民政党」か「階級政党」かという論争であった。実は、これより遡ること約一〇年前にも、全く同じテーマで、しかも、芳しくない結果に終わった総選挙の後の党大会でという、シチュエーションまでそっくりな論争があったのである。

ある既視感

論争の主役を務めたのは左派の稲村順三(いなむらじゅんぞう)（農民運動出身の代議士）と、右派の森戸辰男(もりとたつお)（東京帝国大学経済学部助教授などを経て戦後社会党に入党、片山・芦田両内閣で文部大臣。代議士として三回当選の後、政界からは退き、広島大学初代学長となる。西尾と親しい関係にあった）である。すでに述べたとおり、昭電事件で芦田内閣が倒れ、吉田茂が第二次内閣を組織した直後の衆院解散を受けた、昭和二四（一九四九）年一月の総選挙で社会党は惨敗する。その直後、同年四月に開催された、社会党再建のために重要な意味を持つはずであった党大会への準備段階で、抜き差しならない論争が展開された。

大会で議論に付する予定の運動方針案を作成する起草委員会で、稲村と森戸が、党の性格規定と、社会主義革命の方式をめぐって激突する。稲村は、社会党は近代労働階級（プロレタリアート）中心の「階級政党」であって、国会に絶対多数を握る強力な政府と、院外大衆勢力との結びつきにより、選挙のたびごとに政府が動揺することがない体制をめざすべきことを主張する。森戸の描く社会党は、社会民主主義を基礎とし、議会制民主主義は想定されない。そこでは、複数政党が選挙で競い合うことで政権交代がおこる議会制民主主義と基本的人権を守り、暴力的無産階級による独裁という共産党のやり方と闘わなければならない存在である。

この妥協の余地のない相克を何とか収めたのが勝間田清一（かつまたせいいち）（官僚として内閣調査局、企画院などに勤務した後、昭和二二年の総選挙で社会党から出馬して当選、同四二年に党委員長、五八年には衆院副議長）で、彼の尽力で「階級的大衆政党」という線に落着した。

ただ、これは言葉のアクロバットによる弥縫策（びほうさく）というべきもので、医療にたとえれば、とりあえずの鎮痛剤投与に等しい。問題の解消には到底なり得ないものであった。当時、鈴木茂三郎派に属していた山本幸一（総選挙での落選組であった）は、書記長・浅沼稲次郎から「君は、階級的大衆政党がいいか、大衆的階級政党がいいか」と尋ねられたという（山本『山幸風雲録』）。党首脳部の苦心はうかがえるが、それだけに空しさも際立つ。結局、解消されず先送りされた対立は、西尾追放の際に蒸し返されることになった。

何年経っても進歩のない社会党の姿に、西尾の絶望は深かったはずである。自民党との連立政権の首班となれば、自民党との調整ないしすり合わせを重ねつつ、うまくいけば、民社党の掲げる政策を、相応の満足度で達成できるかもしれない。しかし、それよりも、足を引っ張る左派などいない、造り上げたばかりの理想の社会民主主義政党を率い、行けるところまで行ってみたい、本来であればもっと早くあり得たかもしれない政治家人生を、生きるだけ生きてみたい――その強い思いが西尾の背中を押したのではないか。

空しい痛み分け

西尾の志と違い、その後、民社党の党勢は思わしく伸びなかった。最初に臨んだ総選挙は、結党の年の昭和三五（一九六〇）年一一月、岸内閣の後継政権である池田勇人内閣のもとでのそれである。勝利で新党に弾みをつけたいところであったが、結果は敗北であった。四〇議席から一七議席へと、半減以下に勢力を縮小したのである。一方、西尾が訣別した社会党は一二二議席から一四五議席へと増やした。数字上、民社党が失った二三議席がそのまま社会党へ移ったことになる。つくったような結果といってもよいだろう。社会党の勝利の果実は民社党から得たようなものである。しかも、勝因として大きかったのは、一〇月一二日にテロの犠牲になった浅沼稲次郎委員長への同情票である。空しい議席のやりとりであった。

その一方で自民党政権は基盤を固めてゆく。自民党は、民社・社会両党の議席のやりとりをよそに、二八三議席を二九六議席まで伸ばした（当時の総定数は四六七）。勢いを得た池田内閣は、所得倍増政策で高度経済成長にさらなる弾みをつけ、岸内閣の安保改定により生じた社会の亀裂を確実に修復していった。その池田内閣を引き継いだ佐藤栄作も、七年八ヶ月の長期政権を全うし、沖縄返還という成果を挙げている。

このような状況の中で、社会党も民社党も、徐々に方向性を見出し難くなっていく。総選挙での獲得議席は両党とも伸び悩んだ。社会党は、佐藤内閣下の昭和四四（一九六九）年暮れの選挙で結党以来初めて三桁を割った（九〇議席）が、概ね一〇〇議席以上を維持した。だが、一五〇を超えることはなかった。民社党は二〇台と三〇台を上下していた。政権交代をはかろうと思えば、単独では無理で、連立政権以外になく、両党に公明党を加えた「社公民」路線構想が、政局の節目で見え隠れすることはあった。だが、踏み込んだレベルで具体化することはなかった。

この時期の社会・民社両党の関係について、郵便局員から労働運動に入り、平成元（一九八九）年に「連合」（日本労働組合総連合。日本最大の労働組合のナショナルセンターで、社会党系の総評・新産別、民社党系の同盟、中間派の中立労連の労働四団体が統一されて、昭和六二〈一九八七〉年に発足）会長となって、後出の「細川護熙の深夜劇場」でとりあげる、細川連立政権成立の仕掛け人ともなった山岸章は、「選挙ではいつもそうなのだが、社会党と民社党が両方とも負けたときには、社民結集論が現実味を帯びてくる。ところが、両党のどちらかが勝って一方が負けると、両者の関係がうまくいかなくなってしまう。負けた側が、この局面で社民結集をすると相手に吸収されてしまうという危機感を抱くからである」（山岸『我かく闘えり』）と指摘している。

西尾らの離脱、民社党結成から相応に時間が経過していても、互いに対する感情的なわだかまりはいつまでも去らなかったし、党勢ではどちらも一進一退を繰り返すだけの閉塞感が次第に漂っていった。

西尾末広を生きる

西尾がこのような状況をどう見ていたかはわからない。民社党で政策審議会事務局長・中央執行委員などを歴任した梅澤昇平の回想によると、西尾は最後まで社会党の「健全化」を願っていた。次章の「社会党の歩めなかった道」で触れるように、西尾追放に熱心であった社会党左派の江田三郎が、「構造改革論」という社会民主主義的路線に転換すると、西尾は喜んだという（梅澤『ドキュメント民社党―政党参謀の証言と記録―』）。民社党の躍進はもとよりだが、社会党が教条的な左派路線から転換することも、依然として望んでいたのだろう。だが、西尾はそれを見ることなく委員長の座を降り（昭和四二年）、佐藤栄作が総理総裁の座を田中角栄に譲った年（昭和四七年）に政界引退、九年後の昭和五六（一九八一）年に九〇歳で亡くなった。

西尾及び民社党についての歴史的評価については、管見の範囲ではめぼしいものは見当たらなかった。民社党の伸び悩みについては、楠精一郎が「この潜在的に「改憲」志向をもった野党が極小化してしまったことが、解釈改憲路線の定着の主要な要因といえよう」（前掲「60年安保と解釈改憲の定着」）と総括している。また、「社会党の歩めなかった道」で詳しく取り上げる田中秀征（新党さきがけ所属代議士で、細川護熙政権の首相特別補佐）の評価は、西尾派の社会党からの離脱・民社党結成が、社会党の社会民主主義化への道を断たせた原因であるとする（田中『平成史への証言―政治はなぜ劣化したか―』）。姑息な解釈改憲路線を定着させたのみか、世界の多くの国で見られた、マルクス主義的左翼政党の社民化から、日本の社会党を遠ざけた元凶――何年経っても、西尾は浮かばれないようだ。

筆者は、民社党旗揚げから死に至るまでの二〇年間を、西尾は真に政治家・西尾末広として、心置きなく生き抜いたと考える。民社党は振るわなくとも、社会党の「健全化」は叶わなくとも後悔はなかった——もちろん、福田との連立政権交渉もその例外ではない。そう信じることが、西尾に対する礼儀であると思う。以て瞑すべし、ではなかろうか。

社会党の歩めなかった道

選挙後、私は構造改革路線にたって、いわゆる「社会主義の江田ビジョン」を訴えた。われわれのめざす目標を、根のない空想としてではなく、すでにどこかの世界で実現されており、したがって日本においても実現可能なはずものとして、国民にわかりやすいかたちで示すために、アメリカの高い生活水準、ソ連の行きとどいた社会保障、イギリスの議会制民主主義、そして日本の平和憲法の四つをあげた。これが党大会で問題とされ、ついに葬り去られた。（江田三郎『新しい政治をめざして』）

江田三郎（えださぶろう）は、岸内閣下の安保条約改定問題が燃え盛ろうとしていた時期に書記長に抜擢されて以降、社会党内で頭角を現していった。社会党が自民党に代わって政権をとるので

図9　江田三郎（共同通信社提供）

はないかという展望が、まだ説得力を持っていた時代を象徴する人物のひとりである。

彼は、明治四〇（一九〇七）年岡山県に生まれ、神戸高商を経て東京商科大（現・一橋大学）に入学するも中退し、農民運動に入った。戦後、社会党入りし、岡山県議を経て参議院議員、党内では組織委員長などを務めた。人脈的には鈴木茂三郎派に属する左派の一員で、前出の西尾末広が社会党を離れる際には、除名論の急先鋒であった。

その江田が、安保条約改定による混乱の責任をとって岸内閣が退陣し、それを引き継いだ池田勇人内閣成立直後に行われた衆議院議員総選挙（江田は、この選挙で当選し、参議院から衆議院へと活動の場をかえた）で社会党が微増に終わり、安保条約改定反対運動が必ずしも社会党への支持につながらなかった事実が明らかになったことで、従来とは違う道を歩み出す。国民の期待を喚起するような政権構想を提示し得ていないことを憂慮し、左派には似つかわしくない、社会民主主義的な路線を打ち出したのである。その頃を彼自身が回想した文章を掲出した。典拠となったのは、江田が総選挙で落選して議席を失い、社会党にも別れを告げた直後に出した著書『新しい政治をめざして』である。この本の奥付に示す発行年月日は、昭和五二（一九七七）年四月二〇日であるが、そのほぼ一ヶ月後に江田は急死している。江田が提言集を兼ねた回顧録として出版したであろう同書は、結果的に遺言の意味も持つことになった。

回想部分については、当然、記憶違いなり弁明的な記述の揺れがあるかもしれない。しかし、社会党との訣別を覚悟した時点だから書けることも含まれている可能性もあり、いわば全盛期の社会党の中枢にいた人物の残した回顧として貴重なものである。

江田三郎の挑戦

西尾末広は、社会民主主義者であると同時に徹底した現実主義者・合理主義者であり、政党は政権をめざすものという大原則に忠実な人物であった。まさにそのような人物であるからこそ、社会党のあり方に飽き足らず、離党してしまったのだが、その後、社会党内で西尾とは反対側にいた江田が、西尾に似た路線を追求することになった。資本主義社会の部分的改革を積み上げて社会主義の実現をはかろうとする、「構造改革論」を提唱し始めたのである。

この構造改革論は、イタリア共産党書記長パルミロ・トリアッティ（第二次世界大戦末期にイタリア共産党の政策転換を主導した人物）などの理論に源流を持ち、これを日本共産党の一部が輸入したのを、社会党書記局員が注目して江田に献策し、それを受けた江田が、社会党の進むべき新しい道としての価値を見出したのである。

構造改革論は、劇的な場で党方針として認知される。池田内閣成立から三ヶ月後、社会党委員長・浅沼稲次郎が右翼の一青年に刺殺されるという大事件の翌日、昭和三五（一九六〇）年一〇月一三日開催の第一九回臨時党大会である。委員長代行となった（同年三月、書記長に抜擢されていた）江田が提案した党方針「総選挙と党の勝利と前進のために」の中に「構造改革」が挿入されたのである。これは、満場一致で可決された。

図10　佐々木更三（国立国会図書館「近代日本人の肖像」）

しかし、その後「構造改革」は社会党内の派閥対立に翻弄されてゆく。江田と同じ鈴木茂三郎派の佐々木更三（ささきこうぞう）が江田を敵視し、「構造改革」を葬るべく策動を開始する。それは、昭和三七年七月、一般に「江田ビジョン」と呼ばれたように、江田が極めて具体的なかたちで構造改革論の理想像をぶち上げたことから本格化した。

その「江田ビジョン」とは、議会を通じた漸進的（ぜんしんてき）な改革による社会民主主義的路線であり、まさに冒頭に掲げたように「アメリカの高い生活水準、ソ連の行きとどいた社会保障、イギリスの議会制民主主義、そして日本の平和憲法の四つ」の実現をはかることが目標であった。当時、高度経済成長の恩恵に浴しつつあった国民の意識に訴えるものを、この「江田ビジョン」は持っていたし、また、経済成長により普及しつつあったテレビを通じ、江田の人気が高まっていたことと相乗効果を発揮した。討論番組などを通じて、江田の大学教授のような雰囲気と、平易でソフトな語り口に魅せられた視聴者は多かったのである。

派閥的事情に加え、江田の人気に対する警戒心もあり、鈴木茂三郎派の後継リーダー佐々木更三を中心とする党内の反発は激しかった。詳細は省略するが、資本主義への媚態（びたい）とする激しい批判の中で、「江田ビジョン」は発表から四ヶ月後、昭和三七年一一月の第二二回党大会で党により否定され、同時に江田は書記長の座も失った。以後は不振に陥り、「江田ビジョン」否定から一五年後に失意の内に離党、間もなく死去したのであった。

江田が党を去る二年前、昭和五〇（一九七五）年に佐々木更三が著書『社会主義的・的政権―実践的段階論―』を出し、将来の社会党政権下での穏健な日本像を描いてみせた。

なぜ歩み寄れなかったか

佐々木派のひとりで、党組織局長などを務めた曽我祐次（そがゆうじ）は「この辺は江田さんとよく話をすれば、この段階では日光の「江田ビジョン」〔江田が「アメリカの高い生活水準、ソ連の行きとどいた社会保障、イギリスの議会制民主主義、そして日本の平和憲法の四つ」を目標とする具体的な「江田ビジョン」を示したのは、昭和三七年七月に日光で開かれた全国オルグ会議で、そのような形で訴えたことが党内を刺激した」はともかくとして、私は「的・的政権」と江田さんが考えた行動からいくとそんなに中身が違うというものではなかった、かと思います」（五十嵐仁・木下真志『日本社会党・総評の軌跡と内実―20人のオーラル・ヒストリー―』）と回想しているとおり、後には佐々木更三も構造改革論の価値は認めるようになっていたのであろう。徒に感情を先走らせた派閥抗争により、失ったものは小さくなかったといえよう。

自民党からの視線

江田が社会党を指導する日を真剣に恐れていたのは、自民党の田中角栄であった。昭和四三（一九六八）年一二月――二ヶ月前の社会党大会で、江田が委員長の座を逸した直後であった――当時自民党幹事長であった田中は、自民党はいつまでも政権の座にいられるとは限らない、社会党が江田を委員長に立ててきた時、自民党は負けるかもしれない、ともらしたという（原彬久『戦後史のなかの日本社会党』）。

この田中の述懐の五年前には、やはり自民党の石田博英（岸信介政権の前の、石橋湛山政権誕生の立役者であった）が『中央公論』（昭和三八年一月号）誌上に論文「保守政党のビジョン」を書き、戦後間もない頃からの選挙ごとの総得票数に占める保守票（保守合同で自民党が結成される以前は、その前身となる勢力の得票）の割合と、革新票（社会党の得票）の割合との差が時間の推移とともに急激に縮小し、五年後には社会党票が自民党票を上回る可能性を指摘して警鐘を鳴らしている。

石田の予告する「五年後」に、まさに田中が政権喪失の憂いを吐露した。その憂いをもたらしたのは江田の存在であった。その意味で、社会党はやはり有力なカードを使わずに終わったといえるのかもしれない。

石橋政嗣の試み

江田とは違う文脈であるが、社会党が政権をとった場合に備えてクリアしなければならない問題に、解答を準備しておくべきだと考え、行動に移した人物がいた。昭和四五（一九七〇）年一一月、書記長に就任した石橋政嗣(いしばしまさし)である。

石橋は、大正一三（一九二四）年に台湾に生まれ、長崎県議を経て三〇歳で衆議院議員となり、党内では防衛問題の論客として頭角を現した。岸内閣当時の安保闘争では、飛鳥田一雄(あすかたいちお)（江田が離党した年に社会党委員長になっている）などとともに「安保五人男」と称され、岸内閣追及に奮闘する。

その後も石橋は知識と実績を評価され、一頃は毎年、防衛研修所や海上自衛隊幹部学校で講義をするという、社会党議員としては異色の政治家として活躍したが、そのような経験を通じて、社会党も本気で政権をめざすのであれば、説得力のある体系的な安全保障政

図11　石橋政嗣（共同通信社提供）

策を持たなければならないと考えるようになっていった。

社会党の安全保障政策といえば「非武装中立」である。再軍備即違憲という論理に懐疑的な西尾らの離党後、それ自体が揺らいだことはない。自衛隊は違憲であり、その自衛隊も日米安保条約も解消して、日米中ソ四ヶ国の集団安全保障体制を構築することをめざすのである。石橋は、そこに至るまでの手順なりプロセスを描いておく必要を感じ、それを具体的に示そうとした。発想的には「政治家・西尾末広の死ぬ時」で触れた、社会党からの追放が決まった党大会における、西尾末広の弁明演説の指摘に一脈通じるものがある。

石橋はその構想を昭和四一（一九六六）年にまとめ上げた。自衛隊は国内治安維持を担う「国民警察隊」と改め、社会党の理想とする平和中立外交の進展度や、政権の安定度、さらには政権がどれだけ自衛隊を掌握できるかなどの条件を考えつつ徐々に減らしてゆく（自衛隊が負っている軍事面以外の機能は、新設する「平和国土建設隊」に国土改造・災害救援を、同様に「平和共栄隊」に発展途上国支援などを担わせる)。減らした人員については、転職の世話その他をぬかりなく行う。安保条約については、日米間で結ばれたものを一方的に破棄するなどということは現実的ではなく、外交交渉による解消、あるいは安保条約を結ばざるを得なかった前提条件を無くす方向で動く。具体的には、日米安保条約の、いわば仮想敵国はソ連と中国であり、日本がソ連及び中国との間に平和友好条約を結べば、日米安保条約の前提条件が失われるのだから、それにより日米安保を解消に向かわせることができるだろう。

石橋の構想はだいたい以上のようなものであった。自衛隊と日米安保が現に存在している以上、本気で政権を取る気があるのなら、それらに対する態度・方針を決めておかなければならないという、至って常識的な発想であった。

だが、これに社会党内、特に佐々木派などから厳しい反発がおこることになる。社会党は自衛隊を違憲としている、条件を整えて減らしてゆくというが、条件が整わなければ結局存在を認めてゆくということではないのか。安保条約にしても、外交交渉を経て解消するというが、その間は存続するのであるし、安保条約がある状態でソ連や中国と平和友好条約を締結できるのか、自衛隊や安保条約の存在を一時的にも認めれば、運動に差し支えるではないか、というような批判であった。

しかし、批判はあっても、この石橋構想は昭和四四（一九六九）年一二月の総選挙直前に石橋の手で成文化され、全党に配布された。岸内閣で改定された安保条約が期限である一〇年目の節目に行われる選挙ということで、安全保障問題が争点になることを見越して、党執行部から依頼されたためであった。非武装中立の具体性を向上させたものとして、評価せざるを得なかったということだろう。

「違憲合法論」

その後、石橋構想は「非武装中立」実現を前提としつつも、憲法と自衛隊の、いわばとりあえずの共存を認めるところまで進んだ。それが、「違憲合法論」で、石橋が昭和五八（一九八三）年に委員長になって間もなく提唱したものである。自衛隊は違憲の存在であり将来的に解消すべきものであるが、国会の議決を経た合法的所産でもある、そうした矛盾を抱えた存在であることを認め、合法的な事実を合法的に変えて、憲法の趣旨に沿うべく改革・縮小していくべきものである、という、東京大学教授で憲法学を専門とする小林直樹（こばやしなおき）の議論に依拠している。

これはいわば、党として違憲としている自衛隊が現に活動している事実を、一刀両断的否定ではなく、合理的に説明しようとするものであり、石橋構想の、自衛隊を縮小し、解消に持っていく過程に理論的根拠を与えるものともいえよう。

石橋がこれの検討を中央執行委員会で要請すると、党内では委員長就任直後で、しかも総選挙で一二議席増というまずまずの成績を収めたのだから、次の党大会は確実に乗り切れる、なぜ新たに火種を持ち込むのか、という反発が大勢を占めた。それでも、とにかく運動方針の中に「違憲だが合法的存在」という表現で盛り込むことになったのだが、案の定、党大会（昭和五九年二月）では異論が続出し、石橋が代議員を直接三〇分間説得し、やっと可決されたという（石橋『「五五年体制」内側からの証言』）。

石橋の努力は多とすべきだろう。ただ、党の見解と現状との折り合いをつけることと、「非武装中立」に至る手順の具体化・合理化は、「非武装中立」という目標自体の実現可能性とは別の話である。また、段階的な手続き論にすら強い抵抗を示す党内勢力にどう対応していくかも未知数であった。そして、結局のところ社会党を救えなかった点では、江田の場合と同様であった。

不自然な均衡

一九七〇年代末になると、それまで長期低落傾向にあった自民党の得票率は底を打って上昇に転じ、いわゆる「保守回帰」と呼ばれる、自民党の復調ぶりが注目されるようになった。同時に、社会党以下の野党が政権を獲得する可能性が極めて薄いことも、また明らかになっていった。その状況下で、自民党と、社会党以下野党との、様式美とでも表現されるべき、調和のとれた関係が形成されていった。

自民党は岸内閣の安保改定時などの苦い経験から、憲法改正を、少なくとも近い将来の課題として明確に掲げることはなかった。昭和五七（一九八二）年に政権の座に就いた、自民党の中でタカ派と目された中曽根康弘でも、「戦後政治の総決算」を謳いながら、改憲に手を着けようとはしなかった。一方、最大野党である社会党も、政権奪取への積極的姿勢は影を潜めた。憲法改正を阻む一線は譲れないとして、予算審議などを通じて、自民党政権から支持層への配慮を引き出せればよしとする行動様式が定着していった。

このような環境のもとで、国会運営も洗練されていく。自民党は、野党の抵抗で審議が進まない場合でも、多数に物を言わせた強圧的な態度をとらない。従来から、強行採決する場合でも予めシナリオは決まっている場合が多かったが、「保守回帰」以降、強行採決は行われなくなり、野党の最強の抵抗手段である審議拒否（野党が「寝る」などと称した）に、自民党が辛抱強く付き合うという光景が、多く見られるようになった。

暗黙のシナリオ

政治評論家・政治アナリストの伊藤惇夫(いとうあつお)は、昭和四八（一九七三）年から二〇年間続けた自民党本部勤務の初期の頃、ある議員から次のような話を聞かされたという。「たとえば、重要法案があるよな。〔中略〕社会党は当然反対だ。総評も『廃案だ』なんて叫んでる。そういう時は、お互いの顔を立てるためのシナリオが必要なんだ。で、こっちは『俺の欠伸(あくび)が合図で、うちの〇〇が質疑打ち切りの動議を出すから、おたく（社会党）はすぐに委員長席に詰め寄って大騒ぎをし、委員長が何を言っているかわからないようにしてくれ。法案は通ったことになるが、一週間ほど審議拒否してくれれば、委員長が運営の不手際を陳謝するから、それを潮に起きてくれればいい。お互い面子が立つだろう』という感じで話をつけるわけさ」（伊藤『永田町「悪魔の辞典」』）。これは、強行採決がよく行われていた時代の話であるが、ここで描かれているシナリオから強行採決の部分が消えたのが「保守回帰」時代の国会運営ということになろう。

伊藤にこの話を聞かせた自民党議員が、国会対策委員長経験者というところがミソで、重要法案のかかる本会議・常任委員会などの日程は、各党の国会対策委員長の会談という非公開の場で決まるのである。どのタイミングで野党が審議拒否に入るかも、その場で実質的にスケジュールに組み込まれるのであろう。

社会党にとっての均衡

社会党の視点に立てば、支持基盤として労働組合があり、また「護憲」の旗を掲げていることで労組以外の有権者の票も得、一定の議席を得ることができている。政権を獲得するなどというリスクをとらなければ「護憲」、その具体化たる「非武装中立」は永遠の理想、テーマとして維持し続けることが可能である。その一方、国会審議では、審議拒否により自民党政権に抵抗している姿勢をアピールしつつ、支持層の利益に沿った予算・法案の修正をかちとるのである。

このようなことが可能になる要因として、（1）先進民主主義諸国の中では会期が非常に短く、その会期の中でも審議日数・時間が少ないこと、(2)参議院という、比較的権限の強い第二院が存在していること、(3)戦後になってアメリカ的な委員会中心の審議方式が導入され、審議手続きが分散的になったこと、(4)議事進行にあたってなるべく全会一致をはかる慣行が確立されていること、などの点が野党の抵抗に有利に作用している事実が指摘されている(佐藤誠三郎・松崎哲久『自民党政権』)が、とにかく、これが社会党なりの均衡のとり方なのであり、そのような社会党の立場を、自民党政権も理解し、受け容れていたのである。

付言するならば、この均衡を保つには「護憲」・「非武装中立」をあくまで維持することが基本であるから、その状態を脅かされることには断固たる反対を示さざるを得ない。宮沢喜一内閣時代に大問題となった、いわゆるPKO法案(「国際連合平和維持活動等に対する協力に関する法律」。自衛隊が国連の平和維持活動へ参加することを可能にする内容であった)審議の際、公明・民社両党が修正を条件に賛成したにもかかわらず、社会党が牛歩戦術も含めた徹底した抵抗を展開したのはそのためであった。

居心地のよい位置どり

以上のような社会党の行動様式は、政党は政権獲得をめざすもの、という大原則から外れているし、まるで、一段と安定度を増した自民党政権の統治構造に組み込まれてしまっているようであるが、社会党にとっては居心地のよい状態であったのだろう。これが、かつて西尾末広を追い出し、江田三郎を封じ込めた社会党がたどり着いた地点なのであった。

江田は、前掲『新しい政治をめざして』の中で、「五万に足りない党組織で、一千万を超える得票を重ね、広く革新を代表する国民常識の党として歩んできた社会党」は「連合が可能な諸政党をはじめ、広く諸団体、学者専門家によびかけ、連合政権の基調、中心にすえる政策の具体化のため、社会党のイニシアチブによる、大シンポジウムを提唱すべき」ことを提言している。しかし、社会党のエネルギーは、江田のこの提言のうち「五万に足りない党組織で、一千万を超える得票を重ね」の部分を守ることに専ら注がれていったようであった。

均衡の崩れる時

社会党が身を置いていたこの均衡状態は、一九九〇年代に入ろうとする中で重大な危機に直面する。

その原因の第一は冷戦の終結である。一九八九年一二月三日、アメリカ大統領ブッシュと、ソ連最高会議幹部会議長ゴルバチョフは、地中海のマルタ島で冷戦終結を宣言した。これは、ソ連を敵視するアメリカ帝国主義の世界戦略に協力する自民党政権が、その足かせとなる憲法九条の改正を常に狙っており、社会党はそれを阻止する使命を負っているという、社会党のアイデンティティを脅かすものであった。

第二は、社会党が譲歩を引き出す相手である自民党が動揺し始めたことである。当時の自民党の最大派閥、竹下派の内紛勃発である。平成四（一九九二）年秋のことであった。先に述べたように、この時期になると、自民党とは社会党にとって、打倒すべき敵というよりは、適度な距離を保ちつつ、譲歩と配慮を求めるべき交渉相手になっていた。その相手の内部に発生した深刻な対立となると、無関心かつ無縁ではいられなかった。

やがて、内紛に敗れた側（小沢一郎・羽田孜ら）が「政治改革」、具体的には二大政党制への政界再編を視野に入れた選挙制度改革――中選挙区制から小選挙区制への転換をテーマに掲げて自民党を飛び出すという挙に出ると、社会党もまたその奔流に巻き込まれていった。当時政権を担当していた自民党の宮沢喜一内閣は「政治改革」で主導権を握ることに失敗し、内閣不信任案を浴びせられて解散に打って出た。平成五（一九九三）年七月一八日に行われた投票の結果、社会党は解散前一三七議席が七〇議席に半減する惨敗を喫する。党としての獲得票数も前回（平成二年二月一八日）の一六九二万五〇七九票から一〇三五万八一九四票へと激減した。江田三郎の「五万に足りない党組織で、一千万を超える得票を重ね」の線を辛うじて守ったのが、寂しく目を射る（以上の数字は『月刊社会党』平成五年九月号所載「第40回衆議院議員総選挙結果」）。

小林良彰（慶應義塾大学教授）がデータ分析をもとに、社会党の敗因について、政治改革の流れの中で先頭を歩いているのが新生党（小沢一郎ら自民党脱党組で結成した新党）や公明党で、社会党は追随しているだけという印象を有権者に与えたことに加え、「有権者の選挙における選択の事由が非常に変わったことだ。政治的な意味での保守か革新かという感覚、自民から民社、公明、社会、共産と並ぶような保守、革新というイメージは、政党側より有権者側で薄れてきた。共産党だけはあるが、あとはあまり関係ない。むしろ今日有権者がもったイメージは自民か非自民かではなくて、既成政党かアンチ既成政党（新興政党）かという認識だった」（「敗因分析から見た存在理由の危うさ」、『月刊社会党』平成五年九月号）と指摘している。「護憲」で自民党と対抗する社会党、という図式が後景に退いた時、社会党がいかに脆いかを象徴的に示した選挙結果であった。

激浪に翻弄される

総選挙で惨敗後も、社会党は政界再編成の波に翻弄され続けた。総選挙から約一〇日後に成立した、日本新党党首・細川護熙を首班とし、八党会派から成る非自民連立政権に社会党も参加し、議席数に比例して運輸・建設・自治など、最多の六閣僚ポストを得た。この細川政権は懸案の政治改革法案（小選挙区・比例代表並立制採用）を成立させたが、減税とセットの国民福祉税導入構想を記者会見で発表するものの、五日後に撤回するなどの混迷に陥り、細川首相自身の金銭疑惑も浮上した挙げ句、八ヶ月で退陣した。

それでも、何事かが収まったわけではなかった。新生党の羽田孜が後継首班となって組閣したが、首班指名直後に事件が起きる。社会党を除く連立各派が突然統一会派「改新」を結成したのである。寝耳に水であった社会党は反発して連立を離脱した。事前の調整不足が原因だったらしいのだが、それは社会党内に存在した連立反対派を勢いづけたのである。少数与党となって政権存続の展望を失った羽田内閣は二ヶ月足らずで倒れてしまい、後継内閣は自民・社会、そして細川政権の官房長官時代に小沢一郎と対立した武村正義率いる新党さきがけの三党連立、社会党委員長・村山富市を首班とする連立政権となった。平成六（一九九四）年六月三〇日のことである。村山は、昭和二二（一九四七）年の片山哲以来二人目、実に四七年ぶりの社会党の首相となった。

静かなる空しい大転換

このような展開になったことで、社会党は静かに、そして拍子抜けするほどあっさり大転換をやってのけてしまったのである。自衛隊の合憲性を認め、日米安保体制堅持の方針を確認した。村山の回想によると、石橋政嗣が例の自衛隊「違憲合法論」を打ち出した際、村山は党大会で反対したという。「憲法に反して合法なんてことはあり得ない。だから、それはおかしい、ごまかしだと」いう論理であった。

だが、と村山は続ける。世論調査をやれば、憲法九条改正には反対が多いが、では今の自衛隊を認めるか認めないか、と問えば、認めるが多数派である。これは矛盾であるが、そういう矛盾をはらんでいる現状を政治がどう受けとめるかと考えた場合、自衛隊を憲法違反だといって論外という扱いをしたのでは政治にならない。政治の舞台では今もうここまでつくってきている自衛隊を認めて、しかも、憲法に抵触する部分があるなら合憲になるような政策を積極的に提起して、取り組んでいくことが大事ではないか。だから、社会党が政権に参加してなおかつ自衛隊は違憲だという態度はとり得ないんじゃないか。「これはいい機会かもしれんというので、踏み切ったわけじゃけどね」（村山富市『そうじゃのう…』）。

村山の思いは、石橋政嗣とほぼ変わらないレベルに来ていたのである。というより、自衛隊違憲論を捨てる機会を待ち望んでいたようにさえ読める。それならなぜもっと早く、と突っ込みを入れたくなった人は少なくなかったろう。

社会党が何らかの脱皮をはかろうとする動きは村山政権時代に始まってはいる。「民主主義・リベラル新党」への模索であった。しかし、党内の議論は結局まとまらず（左派の反対による）、決まったのは「社民党」への改称のみであった。平成八（一九九六）年一月、村山内閣が橋本龍太郎（はしもとりゅうたろう）内閣（一応、連立の枠組みはそのまま維持された）に代わった直後である。同年九月の総選挙直前に社民党の多数が、鳩山由紀夫（はとやまゆきお）・菅直人（かんなおと）らが推進する新党構想の方へ流れ、以後は静かに極小化への道をたどっていった。

「政治家・西尾末広の死ぬ時」でも触れたところであるが、新党さきがけ所属で、細川護熙政権の首相特別補佐であった田中秀征は、「世界のどの国でも、特に西ドイツに見られたように、いわゆる「革命主義」はすべからく「社民化」の経過をたどっています。ところが日本では昭和三五年（一九六〇）に社会党の一部が割れて民社党ができた。そのとき私は、民社党の出現で社会党本体が社民化するのはきわめて困難になったという認識を持ちました。もし民社党がなければ、安保紛争の後、高度成長期の過程で、社会党も革命主義やマルクス主義を捨て、社民化したと思います」（田中『平成史への証言―政治はなぜ劣化したか―』）と述べている。

「社会民主主義」はいずこ

田中は、二〇一八年の時点でこうした見解を抱いていたのであるが、正しいかどうかは別として、歴史的な視点を欠いているように思える。少なくとも、敗戦後間もない時点での社会党成立から分裂→再統一→西尾派脱党という過程への考察が薄い。

また、田中が言及している西ドイツ社民党と比較した場合、日本の社会党は対ソ連認識も違う。隣接する東ドイツはもとより、ソ連圏の東欧諸国と地続きであった西ドイツ社民党と違い、地理的に隔たっている分、社会党はソ連を理想化する傾向が強かった。さらに、敗戦後の主権回復と同時に再軍備した西ドイツと、サンフランシスコ講和条約以後の日本の歩みとの違いも無視はできないであろう。社会党内の社会民主主義勢力の孤立度は、田中の認識を越えているように映る。

見果てぬイギリス労働党

思い起こせば、社会党の社会民主主義勢力、具体的にいえば西尾派や河上派が模範としたイギリス労働党は、結成当初に参加していたマルクス主義的部分（社会民主連盟）が脱けてから活動を開始し、社会党よりも長い政権担当経験を有していたが、それでも生産手段の国有化を謳った党綱領第四条を改定し、名実ともに社会民主主義政党への脱皮をはかるのに、一九七〇年代末から二〇年近く続いた野党期間と、トニー・ブレアという人材の登場を要した。

戦時体制を経て、幅の広すぎる大同団結で結成され、憲法九条を教条的・硬直的に解釈する左派が、社会民主主義的な要素が少しでも台頭すれば即排除の論理を発動する社会党に、イギリス労働党のような自己変革は極めて困難であったはずである。

その社会党が、一九九〇年代の「政治改革」の熱狂を経て、衆議院の議席数が二桁台に落ち込んでから自民党との連立で村山内閣を組織するや、政権を担当する以上は自衛隊違憲論を維持できないという理由で、あっけなく方針転換をしてから「民主主義・リベラル新党」構想を打ち出しても、自己変革を説得力豊かにアピールすることは難しいだろう。受け身では自己変革にはならないのである。極小化への道を辿ることは必然であった。

早く出ていった西尾末広、さらには江田三郎、石橋政嗣らの議論を、排除の論理抜きに党内で深めていれば、幾らかは違っていたかもしれないが、実際にそのような選択肢をとり得たかは疑わしい。

ただ、社会党が寂しい結末を迎えてしまったことは、戦後の日本政治にとって損失だったことは確実である。田中秀征の議論は別として、日本国民に、具体的にして地に足の着いた社会民主主義というものに触れる機会を、充分に提供できなかったからだ。

派閥政治の行き着くところ

石原慎太郎の見た「田中角栄」

田中角栄が出てきて絢爛として空疎な饒舌を振りまいた。みんなげんなりしながらも、それに引きずられていったけれどね。

（江藤淳『日本よ、亡びるのか』）

田中角栄は『名言・失言の近現代史　上　一八六八―一九四五』の「政党リーダーたちの金の作法」でも星亨・原敬と並べて取り上げているが、ここで一枚看板として再登場してもらった。

昭和三〇（一九五五）年の保守合同から数えて七〇年に達しようとしている自民党の歩みを振り返った場合、一九七〇年代初頭からの十数年間は、まさに田中の時代であったといってよいだろう。その台頭がまず急激であり、彼の前の総裁であった佐藤栄作との年齢差一七歳というのは先例がない。田中と同年の中曽根康弘が田中の五代あとの総裁となったが、その間の四人――三木武夫・福田赳夫・大平正芳・鈴木善幸はみな田中より年長であった。

田中は、金脈疑惑を追及されて組閣後二年あまりで退陣を余儀なくされ、さらにその二年後には、「政党リーダーたちの金の作法」でも触れた、首相在任中のロッキード事件への関与容疑で刑事被告人となったが、復権への執念を燃やし、形式上は党籍を離脱しているにもかかわらず派閥拡大に努め、昭和六〇（一九八五）年に脳梗塞で倒れるまで「闇将軍」として党を実質的に支配した。田中より六歳下で派閥の継承者である竹下登は、田中が派閥オーナーの座を降りなかったために、蛮勇をふるって反旗を翻し、田中の病気という偶然も味方して、田中の退陣から一三年後、やっとのことで中曽根の後継総裁の座を射止めたのであった。このような田中の存在感たるや、一回だけの登場では到底語り尽くせない。

その田中を描くのに、芥川賞作家から

図12　田中角栄

図13　石原慎太郎（共同通信社提供）

政界に転身した石原慎太郎が、田中の語りを評した言葉を掲げた。「絢爛として空疎な饒舌」という表現ぶりで示されているように、この時点での石原は田中を全く評価していない。この言葉が、文芸評論家・江藤淳の、「いったいいつ頃まで、政治家が言葉に重きを置いて、一言一句を慎重に喋ろうとしていたのか。また政治家がものを読まなくなったり、書かなくなったのはいつからだろうか」という問いに対する答えであった、と補足するまでもなかろう。

この江藤との対話は平成六（一九九四）年になされたものだが、その翌年に石原は議員在職二五年の表彰を受け（その間、福田赳夫内閣における環境庁長官、竹下登内閣での運輸大臣などを歴任している）、記念の演説を本会議場で行い、その中で現在の政治に対する失望を吐露して議員を辞職した。それから四年後、平成一一（一九九九）年四月に行われた東京都知事選挙に出馬、当選している。そこまでの政治家としての歩みの中で、石原は常に田中とは対極的な方向をめざして歩んでいたし、田中個人についてはほとんど軽蔑に近い感情を抱いていたのではないかと思われる。

しかし、ある時期からそれが確かに変化した。田中から遠かった石原だから見えなかったものがあり、その一方で感ずることのできたものがあるのではないか——そんな視点から田中を描くことで、田中像をよりくっきりとさせることができるのではなかろうかと考えたのである。

石原と田中

石原慎太郎が一橋大学在学中の昭和三一（一九五六）年に「太陽の季節」で芥川賞を受賞し、人気作家となったことは、ほぼ歴史の中の話になってしまった。だが、古稀近くなった筆者にとってはまだ、本人は芥川賞作家、弟の裕次郎（ゆうじろう）は「太陽の季節」が日活で映画化された際、主役ではないが銀幕デビューを果たし、一九五〇年代後半から六〇年代にかけて、日本映画界で最も確実に稼げる大スターとなったという物語を背負う、ある時代のヒーローといった感覚である。

その石原は早くから政治に関心があったらしく、岸信介（きしのぶすけ）内閣における安保条約改定問題では文学者仲間とともに声明を出したりしているが、その当時はまだ文化人としての関わりといった程度であろう。

やがて、昭和四三年の参議院議員選挙（いわゆるタレント議員進出の出発点となった選挙）に自民党公認候補として全国区から出馬、史上最高の三〇一万票を集めて当選し、本格的に政治の世界に入っていくことになる。四七年には衆議院に鞍替えし、当選している。

石原が衆議院議員となったその年に、長期政権を築いた佐藤栄作のあとを受けて自民党第六代総裁となり、組閣したのが田中角栄である。組閣当初に叩き出した内閣支持率六二％は、二一年後の平成五（一九九三）年に細川護熙内閣によって破られる（七六％）まで史上最高記録であった。高支持率の理由はいくつかあるが、総裁就任時五四歳の若さ、高等小学校卒の学歴や、飾らない言動と雰囲気が醸し出す庶民性といったものが大きいだろう。冒頭に掲げた石原の発言中の、「田中角栄が出てきて」振りまいた「絢爛として空疎な饒舌」とは、その田中が総裁選に際し最優先でやりたい政策として掲げ、著書として世に問い、ブームをよんだ「日本列島改造論」とみて間違いなかろう。

日本列島改造論

高度経済成長の歪みにより、人も物も情報も集中している東京はじめ大都市圏の過密と、交通の大動脈から外れてそれらの不足していた地方の過疎が当時問題となっていた。平地が少ない日本において、そのような状態は国土の有効活用とはとてもいえなかったのである。田中の「日本列島改造論」とは、その過密・過疎の同時的解消をはかろうとするものであり、その原型となったのは、総裁就任の五年前、昭和四二（一九六七）年三月に発足し、田中が会長をつとめた都市政策調査会が、翌年に成果として公表した「都市政策大綱」であった。

その内容を田中流にアレンジし、著書にまとめ、昭和四七年六月、まさに総裁選にぶつけるかのごとく出版したのである（『日本列島改造論』、日刊工業出版社）。八〇万部を売り上げ、政治家の著書としては異例の大ベストセラーとなった書物の中で示されたビジョンは、魅力的な地方都市をつくれば産業や人口の分散が促進され、大都市圏への集中が緩和できるという発想の下に、日本中を新幹線や高速道路、空港といった、交通・通信ネットワークで結ぶことによりそれが果たされるというものであった。

芥川賞作家と〝土建屋〟

さて、石原は東京都知事に当選した年の一月、『国家なる幻影—わが政治への反回想—』（文藝春秋）という回顧録を出している。その中で「絢爛として空疎な饒舌」とのファースト・コンタクトを描いているので、それを見てみよう。

まず「とにかく世間は、誰が進呈したのかコンピューター付ブルドーザーという渾名の彼に、今から思うと滑稽なほど安直な期待を満載して運ばせようとしていた。しかし、私には田中氏が総裁候補の頃からキャンペーンに使っていた例の『列島改造論』なるものは、どうも土建屋感覚の濃いうさん臭いものに思えてならなかった。だがなお田中氏の官僚やその出身者にはあり得ぬ一種の政治的嗅覚といおうか、ある種の閃きはポテンツの高いものだと思う」という部分。ここで表明しているのは、田中のある部分には一定の評価を与えつつも、その主張する改造論への疑い、あるいは拒否反応である。

「土建屋感覚」という表現は、第一に、田中がそもそも土木・建築会社経営から身をおこし、政界入り後の活動も、公営住宅法により、低所得者向けの賃貸住宅建設を促進したり、ガソリン税を道路特定財源（小泉純一郎内閣時代には廃止すべき対象と見なされてしまったが）に転用することを可能にしたりといった、社会資本整備につながる分野に特化した政治家であるという事実を踏まえたのだろうが、単にそれだけではあるまい。理念も哲学もない俗物。石原の印象は、そのようなものだったろう。江藤との対話に照らす時、「土建屋感覚」からは軽侮が匂う。

このように当初から懐疑的であった日本列島改造論を、石原は田中政権成立の翌年、昭和四八（一九七三）年七月に行われた東京都議会選挙に向けての自民党東京都連主催、場所は日比谷公会堂で開催された大会の席上、田中本人の演説のかたちで聴くことになる。その中で、石原が最も強烈な印象を受けたのは次の一節である。

「いいですかっみなさん、とにかく東京に人が集まって困る、私のね、号は越山（えつざん）なんだ、私も新潟からこの東京に出てきたの。だから死んだら東京で焼かれて灰になって、墓もねえ、故郷にもあるが実は東京にもあるんです。半分ずつ埋められるのよ。じゃなんで東京に人が集まってくるのか、そりゃね、考えてごらんなさいよ、なんだかんだいったって、こんなに便利な街はないんですよ。夜中でも買い物出来る、朝まで飲める、それで、酔っ払って倒れてても、ちゃあんと警察が来て連れてって看護してくれる。みんな知らないだろうけど、酔っ払い専用の留置所というのが東京にはちゃあんとあるんだ。たとえばね、ん〔ママ〕、六本木の近くの飯倉にも一つあります。田舎のね、東北なんかで酔っ払って道端に寝てたら、熊が来て食べられちゃうからね」。

「天才」の所以

田中の演説をリアルタイムで聴いたことのある人は、もう随分少なくなったろう。あれほど聴衆をひきつける演説のできる政治家は今いない。格調こそ高くない。しかし、聴きたくなる。独特のだみ声で次々と言葉を繰り出す迫力が、まず他の追随を許さない。だが、面白さの真髄は、むしろ自虐ネタの使い方の巧みさにあったように思う。

自民党元幹事長の石破茂（いしばしげる）は、昭和五八（一九八三）年九月、まだ政治家になる前、結婚式で父・石破二朗（いしばじろう）（建設事務次官から自民党代議士）の属していた派閥のリーダーである田中に挨拶をしてもらった。式の当日は田中を闇将軍に追いやったロッキード事件一審判決の二週間前。しかも、偶然とはいえ、結婚相手はロッキード社と田中との仲介をしたとされる商社・丸紅（まるべに）出身の女性であった。

注目の中、田中が話し出す。「石破君が嫁を貰うというじゃないですか。どこの女だっていうと、皆さん、丸紅だっていうじゃないですか。あの丸紅か！」。微妙な緊張が最高度に達しようとする中、田中は、「丸紅はいい会社だ。私のことがなければ、もっといい会社だった」と切って落とし、それで一同、ドッと沸く。石破は、「天才ですよ」と回想している（『週刊ポスト』、令和三年七月九日号）。「丸紅はいい会社だ」と「私のことがなければ、もっといい会社だった」の間に置かれたであろう絶妙の「間」は、たぶん、石破以下その場にいた人々の記憶にのみ保存されたものなのだろう。どれほど有能な話し手でも、再現することなどできはしない。そこが田中であった。

石原が強烈な印象を受けた一節は、田中が田中本人としてではなく、地方代表として地方の不便さを自虐的に伝えようとしたもので、そこが、石破茂の結婚式のスピーチと同様、田中演説の勘所なのだが、石原にそれは伝わらなかったようだ。「こんな話で全員大爆笑してしまう。それにしても東京の魅力を酔っ払いの看護で称えて、田舎じゃその逆に熊が来て食べてしまうというのは、これはなんとも余人の及ばぬ譬（たと）えで、私もそのおかしさ馬鹿々々しさに感歎してみんなが笑い納めても納まらずに演壇の後の席で一人いつまでもげらげら笑っていたら、気になったのか角さんが振り返って睨みつけてきた」。田中流弁論術は、芥川賞作家には低俗なギャグでしかなかったのである。

回顧録の中の田中像

石原の回顧録の中、次に田中及び田中的なものが出てくるのは、日本列島改造論が脚光を浴びた時代から数年後である。石原は同志と一緒に派閥を立ち上げ、それを率いていく立場になる。そのからみで、田中が登場する。

石原は昭和五四（一九七九）年五月、親しい関係にあった中川一郎をかついで中川派を結成した。田中角栄が総裁となった翌年、昭和四八年に、自民党の衆参両院若手議員三一名が派閥横断的に結集して「青嵐会」を結成したが、石原はその中心人物の一人であり、中川もその時の仲間であった。青嵐会は自由主義国家群との連係、物質万能の風潮是正と教育正常化、国防と治安の重視、自主憲法制定などを謳い、自民党内の新しい右派集団として注目を集めたが、多少の離合集散を経た末、中川を中心とするグループが最終的に残り、これが母体となって中川派がつくられたのである。

石原自身は、青嵐会以外に関係した自民党内の組織はなく、基本的に無派閥であったし、中川は一応派閥にはいたが弱小派閥であり、一体となって活動するには独自の基盤を持たないと限界があるため、派閥を立ち上げることになったのであるが、いざつくるとなると簡単にはいかなかった。中川一郎が派閥をつくったと聞いた田中は、「自民党にはもうこれ以上派閥はいらない。あんまり跳ね上がると、中川も鯉みたいに池から飛び出してしまってそのまま干物になるぞ」といったという（前掲石原『国家なる幻影』）。

この予言はみごとに的中する。中川派の旗揚げから三年後、昭和五七年一〇月の自民党総裁選挙に中川一郎は出馬し、中曽根康弘・安倍晋太郎（晋三の父）・河本敏夫と争ったが、結果は中曽根の圧勝で、中川は最下位の惨敗であった。年明けた五八年一月九日、中川は自殺してしまう。石原は、「中川の後の死に様を眺めればこんなにドスの利いた言葉もありはしない」と、中川を池から飛び出した鯉に譬えた田中発言をとらえる。石原は知っていたかどうか不明だが、田中は、中川の死から三週間後、それを連想させるスピーチをしている。一月三一日、都内の某ホテルで開催された、田中派新人の次期総選挙立候補予定者を励ます会でのことで、挨拶に立った田中は、「自民党内の派閥は、五つぐらいあるのが適当だ。無理に六つ目をつくろうとしてもダメだ。つぶれてしまう」と言い放ったのである（内田健三『派閥』）。石原がその場にいたら、どうだ、俺の予言が当たったたろう、という魔王の高笑いのように聞こえただろう。

最後の邂逅

中川一郎の死に関連して、石原の回顧録にもう一度田中が登場する。というより、田中が回顧録に登場する最後の場面なので、紹介しておく。築地本願寺で行われた中川の葬儀に田中が弔問にやってくるくだりである。

「葬儀で印象的だったのは、自民党に六番目の派閥など不要だといい切り、あまり跳ねると池の外に飛び出て鯉の干物になるぞといっていた田中角栄氏がさながら護衛官のような秘書たちに取り巻かれてやってき、私には妙にはしゃいだ印象に映ったが、本堂に上がる階段の途中のカメラマンの配列が左右逆でこれでは参列者に迷惑をかけるぞと、自分で指示して準備態勢の形を変えてしまったことだった。実は私も事前に同じように思って党から派遣されてきているスタッフに注意したのだが、もうこうなったらカメラマンたちがすでに獲得した場所を動きたがらないのでとても無理だという。それが、角さんが立ち止まって両手を振り回し例のだみ声で指図したら、全員がいわれるまま逆の側に移動してしまい、おかげで参列の流れはスムーズにいったものだ。それを眺めながら私は、どういう意味でもなく、〝あぁこの男は全く変わらないんだなあ〟と強く思ったものだ」。

石原は、どういう意味でもなく、と書いているが、それを強いて読み込むなら、ああ、この男は理念も哲学もあるとは思えないのに、目の前の具体的な課題を打開することにかけては相変わらず抜群なのだなあ、と解釈できるのではないかと思う。もしそうだとしたら、従来から持っている印象を改めて確認したということだろう。

田中的なるもの

石原の回顧録に田中本人が登場するのはここが最後なのだが、もう一度、田中というよりは田中的感覚というべきものに石原が遭遇する場面が出てくる。

中川一郎が亡くなった後、残された中川派のメンバーは石原派として石原が率いていくことになり、その体制で総選挙も一度戦ったが、石原は自らの力の限界を感じ、結局、他派閥への合流を考えるに至る。合流する先は、人脈的にも政治的主張の点でも近い福田赳夫派（当時は、安倍晋太郎派に移行していく途上であった）で、結局、石原以下八人の石原派は福田派に入った。

ところが、それに関連して、ある金銭面の噂が出る。石原たちの福田派入りを聞いた田中派幹部のひとり金丸信（かねまるしん）は、「一人最低一億としても、一度に代議士八人とは、安倍もいい買い物をしたものだ」といったというのである。石原たちのように、議員が新たに派閥入りをする場合、契約金的な金銭を受け入れ側が払うのが慣例であったらしいのであるが、石原派にはそうした金がまわっていなかったため、実際は支払われていたのに石原が全て自分の懐に入れたという噂が立った。

そこで、旧石原派の長谷川峻（はせがわたかし）が石原に事の次第を確認し、石原が金を受けとっていない旨返答すると、長谷川が、福田派入りに際し福田派側の窓口となった安倍晋太郎に交渉し、一人当たり一千万円の金が支給されることになった。「私はあれで仲間の間でも、合流した相手の側からも、政治家としてはかなりの欠陥のあるどうにも浮世離れした人間として登録されてしまったに違いない。なかんずく私を一番侮ったのは代議士一人の値段は最低一億円、八人合わせればどう見ても十億といっていた金丸氏だったろうが」というのが、この一件に対する石原の総括だが、これは、第一に自民党的常識と石原の感覚のずれの問題だったのだろう。

ただ、金丸の言葉にある代議士一人一億という数字は、田中がこのころ自己防衛のため精力的に自派の拡大をはかっていたことで、契約金相場が上昇傾向にあったことを示していた可能性を指摘し得るし、また、派閥の再編をまず金銭の動きとしてとらえる金丸の視角が、そもそも田中的ともいえるであろう。その意味で、この問題は田中的感覚と石原のずれともいえるように思う。

変貌する田中像

回顧録を出した年、平成一一（一九九九）年に石原は東京都知事に当選した。四期目の途中、平成二四年一〇月、再び代議士となり、国政に戻ったが、翌年三月に脳梗塞を発症し、平成二六年に引退を表明した。その二年後、平成二八年に、田中角栄を主人公兼語り手とした実録小説『天才』を発表したが、同書は七五万部以上を売り上げるベストセラーとなった。タイトルの「天才」とは、田中を指している。作者の石原が、皮肉ではなく、本当に田中角栄を天才と評価し、そう呼んでいるのである。

たとえば、『日本列島改造論』を発表して総裁選に乗り出していくくだりを読んでみると、「佐藤派から離脱してすぐに、かつて都市政策調査会長としてつくった都市政策大綱を下敷きにした、この国全体を地ならしして地方の格差をなくす『日本列島改造論』を発表した。高速鉄道の新幹線を日本中に走らせる。各県には飛行場を設置する。かくすれば国民はこの国のどこへも簡単に赴けるし、むしろ地方がかかえている地方の特色は保たれ文化は栄える。狭小な国土をしか持たぬこの国はコンパクトながらもの凄く機能的なものになるはずだ。この大計画を聞いて国民は度肝を抜かれ賛否両論がまき起こったが、多くの国民はどこへ住んでいようとこれでそれぞれの夢を持てたはずだ」。これと、十数年前に出した回顧録の中の「土建屋感覚の濃いうさん臭いものに思えてならなかった」という記述との関係はどうなるのか、はなはだ気になるところではある。

小説の中の話なのだからフィクションとして書いたのだろう、という見方はできるかもしれないが、本編に付された「長い後書き」の冒頭で、「私はまぎれもなく田中角栄の金権主義を最初に批判し真っ向から弓を引いた人間だった。だから世間は今更こんなものを書いて世に出すことを政治的な背信と唱えるかもしれぬが、政治を離れた今でこそ、政治に関わった者としての責任でこれを記した。それはヘーゲルがいったように人間にとって何よりもの現実である歴史に対する私の責任の履行に他ならない」と書き、さらに「今私たちは敗戦の後に国家にとっての第二の青春ともいえる高度成長を経て、他国に比べればかなり高度な繁栄と、それが醸し出す新規の文化文明を享受しているが、その要因の多くは国家の歴史の中でも未曽有のものに違いない。そしてその多くの要因を他ならぬ田中角栄という政治家が造成したことは間違いない」とまで賞賛しているのである。

その田中が失脚することになってしまったロッキード事件については、田中を葬り去ろうとしたアメリカの陰謀であり、田中がアメリカの巨大石油資本を通さず石油を手に入れようとしてアメリカの逆鱗に触れたからだ、という説を採用している。自分もアメリカに洗脳された一人であるとすら書いている。このような陰謀史観というのは慎重な上にも慎重な検証が必要であり、この辺、石原がどう考えていたのかは不明であるが。

何が変えたか

こうした石原の豹変を無節操だと批判するのは簡単だが、それだけでかたづけるのは、石原に失礼だろう。少なくとも、何故このように田中への評価を変えたのかは考えてみる価値がある。その原因は、おそらく石原の都知事経験であると思われる。

「長い後書き」に、「彼のような天才が政治家として復権し、未だに生きていたらなと思うことが多々ある。特に私が東京という首都を預かる知事になって試みながらかなわなかったことの数々は、もし今なお彼が健在でいかなるかの地位にあって政治に対する力を備えていたとして、彼に相談を持ちかけたならかなえられたかもしれぬとつくづく思う」とあるのは、それを裏づける。

政治に必要な技術

石原が青嵐会結成に託したような、政治家としての理想なり理念というのは、確かに大事なものではあるのだろう。このような国にしたい、このような方向に国を導きたいという根本的な考え方は重要なのであろうが、同時に政治は技術でもある。いかに立派な理念なり理想でも、具体的な形にしなければ意味はないし、形にするには技術が必要である。

田中角栄は、その点でやはり天才であった。「長い後書き」の末尾には、田中が若き日に提案者となって成立した議員立法の一覧表が付けられており、それに関連して石原は「端的にいって政治家個人の独自の発想でまだ若い時代に四十近い議員立法を為し遂げ、それが未だに法律として通用しているという実績を持つ政治家は他に誰もいはしまい。感性の所産である芸術はしばしば天才を生み出すが、政治という感性の不毛な世界で彼のようなまさに未曽有の業績をものした人物は少なくとも戦後には他に見られはしない」と書いている。田中は、このような法律ができればこのような効果を生むという見透しの確かさで目を見張らせるものがあった。そうした田中の技術を、石原は高く評価している。

石原が知事を務めた東京都を仮に国と見なした上で、たとえば人口に着目すれば、国連加盟国別ランキングの七十何番目かに位置する。令和五（二〇二三）年八月時点での推計は約一四一〇万人（東京都HPによる）で、同年四月にUNFPA（国連人口基金）が発表した世界人口ランキングと照らし合わせると、七五位（全二〇四か国中）のルワンダとほぼ同じである。参考までにいえば、オランダが七一位、ベルギーが八〇位である。

これぐらいの人口を持つ自治体の、直接選挙で選ばれる都知事は、中どころの国の大統領に相当するということになろう。そして、都知事としての石原が取り組んだ課題は、築地市場の豊洲移転計画、東京外かく環状道路、羽田空港再拡張、臨海副都心開発など、それこそ日本列島改造ならぬ東京都改造的なものが多かった。そのような、田中に似た立場で似た取組をしている内に、田中の技術と、その実りの豊かさ、さらには「絢爛として空疎な饒舌」の真価に気づかされたということなのだろう。

そうなるには、本当に長い時間が必要だった。青嵐会を立ち上げた、自民党内の青年将校というべき存在だった石原は、その時八〇歳を越えていたのだ。

中曽根康弘の語る「怨みつらみ」

あの頃から日本の政治に、怨念というか、怨みつらみが入ってきましたね。

（中曽根康弘『天地有情』）

それまでにも先駆的な蓄積があったとはいえ、一九九〇年代に入ると、オーラル・ヒストリー、つまり公人としてのキャリアを積んだ人物が、リタイア後に自らの人生を語り下ろした記録の作成が脚光を浴び、多くの成果がもたらされるようになった。ここに引いたのは、佐藤誠三郎（さとうせいざぶろう）・伊藤隆（いとうたかし）のインタビューによる、元首相・中曽根康弘（なかそねやすひろ）のオーラル・ヒストリー『天地有情（てんちゆうじょう）』の一節である。中曽根がこれを語ったのは、一九八〇年代としては最長であった政権担当から離れて九年後、喜寿を過ぎた頃であったが、それからさらに約四半世紀の天寿を与えられた末、一〇一歳で華々しかった政治家人生を閉じている。

この内容充実したオーラル・ヒストリーの中で、筆者の印象に残った一言を抽出してみた。なぜ印象に残ったかといえば、一九七〇年代末の自民党内に発生した深刻な抗争とその影響に対する、簡潔にしてみごとな評論であっただけでなく、中曽根だからこそこのように語れた、また中曽根だからこそこのようにしか語れなかった、その両面を示す意味で興味深かったからである。

抗争の構図

中曽根がここで批評の対象としたのは、一九七〇年代末以降、特に発足初年の第一次大平正芳内閣が打って出た、昭和五四（一九七九）年の総選挙（一〇月七日投票）の敗北により本格化した、自民党内を二分する抗争劇である。

図14　中曽根康弘（共同通信社提供）

総選挙の結果は二四八議席にとどまり、史上最低であった前回（昭和五一年一二月五日、三木武夫内閣。戦後初の任期満了による選挙で、自民党は結党以来、初めて過半数を割り込む敗北であった）をさらに一議席だけとはいえ下回った。選挙戦の最中に大平首相が、財政再建のための消費税導入を訴えたことなどが敗因であった。ただし、この選挙は、保守合同以来続いた自民党得票率の長期低落傾向が底を打ち、反転した点でも注目されたし、それは、この後に明確になる「保守回帰」、つまり自民党復調を予告するものでもあった。

だが、政局は得票率の冷静な分析では動かない。現に史上最低記録を更新してしまったことで、敗北の責任を問う声が自民党内から澎湃として起こり、それが抗争に発展した。そうなってしまったのは、その五年前にまで遡る複雑な経緯があったためであった。

「怨みつらみ」の来歴

問題の総選挙の五年前、昭和四九（一九七四）年一一月、田中角栄首相が退陣を表明した。鳴り物入りの目玉政策「日本列島改造」は挫折し、オイルショックに翻弄された挙げ句、『文藝春秋』掲載のルポルタージュを契機に急浮上した金脈問題——土地転がしによる政治資金づくりの疑惑を払拭できず、辞任に追い込まれたのだった。

後継は副総裁・椎名悦三郎の裁定に委ねられたが、有力候補である派閥リーダーのうち、仮にその時点で総裁選を実施したとしたら、田中派との友好的な関係から最多得票確実な大平正芳は、まさにその田中派との関係故に世論の離反を招くリスクが大きく、さりとて福田赳夫は、田中派及び大平派の反発と猜疑を誘発するだけに据えられず、結局、弱小派閥のリーダーながら、早くから自民党の近代化を主張し、クリーンなイメージがあった三木武夫が田中の後継総裁に指名された。三木政権が、自民党に対する世論が好転するまでの期限付きであることは明らかで、だからこそ、大平も福田も引き下がったのであった。

その三木内閣は、田中退陣前後に盛り上がった金権政治批判を追い風に、企業や労働組合による政治献金や、選挙運動の規制強化に乗り出した。しかし、これに対して自民党内の声は冷ややかで、三木内閣早期退陣工作が動き始める。

ところが、政権発足から三年目を迎えた昭和五一（一九七六）年二月、アメリカの上院外交委員会多国籍企業小委員会でロッキード事件が発覚した。アメリカの航空会社大手・ロッキード社の、日本への航空機売り込みにまつわる疑獄事件である。三木首相はアメリカから捜査資料を取り寄せるなど徹底究明の姿勢を示し、その後、ロッキード社の日本における代理店・丸紅、売り込み先である全日空などから逮捕者が出た。やがてそれが政界に及び、七月に田中角栄が逮捕されたことは、「総理大臣の犯罪」として衝撃を与えた。

図15　三木武夫

事ここに至り、自民党内の三木に対する反発（一般に「三木おろし」と呼ばれた）は激化したが、三木はロッキード事件究明を望む世論を味方に、党を割ることも覚悟で解散を打つ決断までは踏み切れず、任期満了の選挙となったために、選挙結果は単なる自民党及び三木内閣の敗北以上の意味を持ち得なくなった。その直後、三木は退陣を表明する。

「三木おろし」と密約

自民党内の反三木勢力は、選挙前から次期総裁候補を福田に一本化しており、そのとおりに福田が後継総裁となって首班指名も受けた。ただし、福田派単独で三木を追い落としたわけではなく、大平派との合作であったから、その分立場は弱かった。

そこで久々に密約登場となる。三木から政権を引き継ぐ予定の福田と、三木退陣工作の同志であった大平との間に結ばれたものであった。密約に花押もしくは印鑑を捺しているのは福田・大平、介添え人の園田直（福田派）・鈴木善幸（大平派）の四人で、締結の場には福田派の重鎮・保利茂も立ち会っていたが、彼の花押・印鑑はないという（川内一誠『大平政権・五五四日』）。

この密約があとで大きな禍根を残すことになるのだが、内容は、第一に自民党の新総裁及び首班指名候補として大平が福田を推すこと、第二に総理・総裁は不離一体のものとするが、福田は主として党務を大平に委ねること、第三は昭和五二（一九七七）年一〇月の党大会で党則を改め、総裁任期を従来の三年から二年とすることであった。第二は、福田政権誕生とともに大平が幹事長となり、党務を掌握することで実現し（事実上の「総総分離」）、第三は、園田直によれば、福田が二年後に政権を大平に譲る含意であった。

福田・大平は吉田茂と鳩山一郎の抗争を知っている。岸信介が、安保改定をなし遂げるまで自民党内の支持を固めるため、次期政権譲渡を約束する念書を大野伴睦に与えた（『大野伴睦回想録』によると、念書をもらった人物は他にもいた）ことも知っていただろう。それらを通じて、密約がいかに恃み難いものであるかは認識していたはずである。

だが、そこから先が違っていた。福田は先例を踏まえ、密約とは結んだ時と状況が違ってくれれば、一方的に破ってもかまわないものと解釈した。だが、大平は先例を教訓として、どうしたら密約を履行させられるかに知恵を絞っていた。密約締結の場で大平は、二年後の政権譲渡を密約上に明文化することを求めず、二年後にまた話し合えばよい、と発言して園田直を感動させたという（前掲

図16　大平正芳

川内『大平政権・五五四日』）。それはおそらく、福田に密約を守らせる戦略に見通しをつけていたからだろう。

「天の声」

昭和五一（一九七六）年一二月に福田が組閣すると、大平は党務を仕切る幹事長となり、福田政権を支えた。しかし、その一方で、福田政権が二年をこえて存続することにつながりかねない政策を実行することは阻止したし、福田が機会をうかがっていた解散・総選挙は完全に封じ込んだ。福田政権の長期化を防ぐとともに、次にはこの大平が控えているんだぞと、常に意識させる作戦であった。

しかし、福田も間隙（かんげき）を縫って相応の実績を積み上げることに成功する。第一には田中角栄が首相時代に道筋をつけた日中国交回復の仕上げとなる、昭和五三（一九七八）年八月の日中平和友好条約締結である。中国側が反ソ連的な意味合いを同条約に含ませようとしたことで危ぶまれたが、福田の決断により無難な線でまとめ上げた。ＡＳＥＡＮ諸国との関係改善も無視し得ぬ成果であった。内政面でも、反対派の抵抗で延び延びになっていた成田の新東京国際空港の開港にこぎ着け（同年五月）、また補正予算三ヶ月分の効果が本予算に引き継がれるよう設計された、いわゆる「十五ヶ月予算」により、昭和五三年度の日本経済は、オイルショックから長らく続いた不況から浮上の兆しが見えてきた。内閣支持率も上昇軌道に乗り始める。

こうなったからには密約を墨守する必要はないと考えた福田は、電話で大平に、総裁選出馬の決意を伝えた。当然、大平は激怒し、田中派の支援を得て全面対決に出る。ここに、二年後政権譲渡密約の基礎条件となった、新方式による初の総裁選が昭和五三年一一月に行われた。全党員による予備選挙をまず行い、その上位二者が国会議員による本選に進める規定である。予備選の結果は、大方の予想に反し大平一位、福田二位であった。田中派の資金力と、喧嘩慣れした戦術の勝利といってよいだろう。

予備選での勝利を確信していた福田は、選挙戦の中で、予備選二位の者は本選を辞退すべきだ、と発言していたのが祟り、本選に進めなくなってしまった。福田が自派の代議士・三塚博に「天の声も時には変な声を出すこともあるんだよ」と慰めるように言った話（清宮龍『福田政権・七一四日』）は、福田の無念さを語って余りある。彼は、現職の自民党総裁が再選をめざして総裁選に臨み、敗れるという、史上唯一の屈辱を味わってしまったのである。

「四〇日抗争」

これだけの因縁があって成立した大平内閣が、翌昭和五四（一九七九）年、政権初の総選挙に敗れたのである。現に総選挙敗北で退陣した三木が、それどころか総選挙に打って出ることなく引きずり下ろされた福田が、黙っていようはずはなかったし、そもそも、大平内閣発足時に序章となる紛争が発生している。党役員人事で大平が進めようとした「鈴木善幸・幹事長」案が、鈴木と田中角栄との親しい関係を忌避する福田ら反主流派の抵抗で撤回される一齣があった。

福田の回顧録『回顧九十年』には、総選挙敗北を根拠として大平に内閣総辞職を迫る場面が出てくる。責任の明確化を求める福田に対し、大平は粘り腰ではねつける。首班指名が行われる衆院本会議は一一月六日で、一一月に入ると反大平派は「自民党をよくする会」をつくり、首班指名選挙で福田を統一候補として対決する姿勢を示した。

本来、このような場合に決裂を避ける術に長け、そういう修羅場に慣れた寝業師を多く抱えているのが自民党の強みであるはずであった。事実、大平の密命を受けた田中派の金丸信（かねまるしん）が、首班指名前日の五日、「わが党の危急存亡の時に当たり、来るべき党大会において総裁を選び、党の再建をはかる」という案を書面にして大平の了承を得、福田のもとに持っていった。福田は、この案の「総裁」を「新総裁」に直して返したのだが、これには大平が「新総裁を選ぶとは、金丸君、どういうことだい。オレが入ってないじゃないか」と難色を示したので、金丸がそれを福田に伝えると、福田は了承した。ところが、その場に同席していた安倍晋太郎（あべしんたろう）（福田派）が国会玄関で、話し合いがついたと新聞記者に不用意にもらしたことから、福田派内から反発が起き、金丸工作は画餅（がべい）に帰してしまったという（金丸『人は城・人は石垣・人は堀』）。その結果、自民党から首班候補が二人出るという、前代未聞の首班指名選挙へとなだれ込むことが決定的となった。

しかし、その後もぎりぎりの、胃が痛くなるような局面が続く。決選投票にもつれた場合に備えて、大平は二人目の寝業師、二階堂進（田中派）を対公明党工作に差し向ける。思い起こせば、大平が田中内閣の外相として日中国交正常化を手掛けた際、田中首相・大平外相に先行して訪中し、地均し役を演じたのは公明党委員長・竹入義勝であった。二階堂とも個人的に親しい。動かすならここだと、大平は考えたのだろう。投票数時間前のことである。

二階堂からの電話を受けた竹入は、「ウーン」となった後、「少し時間をくれませんか」と答えた。しかし、いらいらしながら数時間待った末に二階堂が得たのは、「残念ながら、ご期待には沿えません」という竹入の返事であった（馬場周一郎『蘭は幽山にあり―元自民党副総裁　二階堂進聞書―』）。

注目の首班指名投票の結果は、一回目が大平一三五、福田一二五で、三位以下は野党党首である。二回目、決選投票では大平一三八、福田一二一であった。三年前に河野洋平らが自民党を脱して結成した小党・新自由クラブが一回目から大平に票を投じていたが、他の野党は二回目を棄権している。自民党の内紛などにはうっかりコミットできないというのが本音であろう。参院でも、大平が指名を得ている。

かくして大平の続投が決まり、分裂状態の後遺症が残る中で第二次大平内閣が成立した。一〇月七日の総選挙から、第二次内閣成立に次いで党役員人事が決定した一一月一六日までが四〇日であったので、その間の抗争を「四〇日抗争」と呼ぶ。

ところが、抗争には続編があった。

ハプニング解散

あれほどの怨念が四〇日程度で絶えることはなく、翌年再び噴出する。通常国会の終幕近い昭和五五（一九八〇）年五月一六日、野党提出の内閣不信任案採決にあたり、自民党から六九名の欠席者が出、不信任案が可決されてしまったのである。

これは、全くのハプニングではなかった。自民党内の反大平派は予算審議に非協力的であったし、福田・三木・中曽根の反主流三派を中心に「自民党刷新連盟」が四月に発足している。不穏な動きは野党も察知していて、社会党代議士の山本幸一（やまもとこういち）は、自民党反主流派の筋から、不信任案採決の際、一七名は必ず欠席するとの情報をつかんでいた（山本『山幸風雲録』）。

自民党内では、中曽根の回想によると「田中角栄さんがさすがに俊敏」だったという。前年秋頃から、中曽根は密かに田中とたびたび接触していたのだが、田中はその際、「どうも来年また解散がありそうだ。不信任ということもまたあり得るかもしれない」と洩らしていた（『天地有情』）。田中の勘は確かに冴えていた。

かくして、奇妙な解散劇が演じられる。五月一六日当日の衆院本会議。蔵相として大平首相の隣に座っていた竹下登は、不信任案採決の時間が迫っているにもかかわらず、自民党の空席がいつまでも埋まらないことに不穏な気配を感じた。ここで自分が席を外せば、野党が不謹慎だと騒ぎ出し、時間稼ぎができる――そんな奇策を竹下は考えたが、すでに議席に着いていた安倍晋太郎（福田派のリーダーの座を継承することが確実視されており、竹下とは同年・初当選同期で親しかった）が、福田赳夫の強い指示で議場から連れ出される姿を目撃し、「万事休す」とあきらめたという（岡崎守恭『自民党秘史』）。大平首相は、躊躇なく解散に踏み切った（五月一九日）。

ここに、史上初、間近に予定されていた参院選と同日の衆院総選挙、衆参ダブル選挙が実施されることになった。

後味の悪い結末

参院選の方の公示日、五月三〇日に大平は東京・新宿で選挙戦の第一声をあげた。その日の遊説日程はこなしたものの、食欲や発汗の様子から、体調の異変は明らかで、その日の深夜、虎の門病院に入院している。その後の病状は安定を伝えられ、現に六月一一日には桜内義雄幹事長・塩崎潤総務局長から選挙戦の報告を受けたという。だが、翌一二日午前五時五四分、大平は心筋梗塞で死去した。それから一〇日後に実施された選挙で自民党は大勝を収める。短期間に巨額の資金を要する衆参同日選は与党・自民党に有利という条件は見逃せないにせよ、大平の死が大きく影響したことは否定できない。

前年秋の総選挙から約八ヶ月にもわたる自民党内の抗争は、中曽根が「私は、やっているうちに、これは勝つなと感じはじめました。大平さんの香典票がずいぶん取れそうだと明確に感じました。やはり選挙というのは死んだら強い」（『天地有情』）と回想したように、総裁の、いわば戦死で購（あがな）った勝利とでもいうべき、政治の非情さを痛感させる結末で終わった。

卓見と限界

大平内閣発足以降の自民党内の抗争を「怨みつらみ」で総括した中曽根の分析は鋭い。まさに「怨みつらみ」のみを推進力として進行したからである。本格的開始は、総選挙敗北で退陣した三木と総選挙未遂で辞任した福田の、大平に対する怨念からであったかもしれない。しかし、それより以前に、現総裁として総裁選に臨みながら大平・田中連合に敗れた福田の、さらにそれ以前には密約を無視された大平の怨みがあった。中曽根は、そこを正確に見据えている。それは認めた上で、「あの頃から……入ってきましたね」という表現には抵抗を感ずる。揚げ足とりは本意ではないし、単なる言葉の綾かもしれないが、微妙に的を外しているようにも思える。

政治に怨みつらみはつきものだろう。吉田茂と鳩山一郎の例はあまりにも有名であるし、それ以外にも多くを挙げることができる。政治が人を動かす営みである以上、怨みつらみの発生は避けられない。それを、「あの頃から……入ってきましたね」と評するところに、中曽根の歩みと、政治家としての個性が反映されているように受けとれる。彼は、「怨みつらみ」の世界とは離れた場所に位置していた、というより、努めてそこを避けて通ってきたようにも見えるのである。

戦後派としての歩み

中曽根は、同年生まれで初当選同期でもあった田中角栄同様、純然たる戦後派の政治家である。群馬県高崎市の材木商の家に生まれた彼は、東京帝国大学法学部政治学科を卒業して内務省に入り、後に海軍省経理学校短期現役補修学生となった。昭和一九（一九四四）年一一月から二〇年六月まで海軍省軍務局に在籍、二〇年一〇月に内務省に復帰して官房調査部に入り、香川県警務課長・警視庁監察官を経て退官後、同二二年四月二五日の総選挙で群馬三区から出馬している。この選挙でトップ当選を果たして政界入りした。

中曽根をここで戦後派の政治家と呼ぶ時、それは単に政界入りが敗戦後であるというにとどまらず、戦前の政治に対して、ほとんど思い入れのようなものがないことも、意味として含ませている。

たとえば、戦前からの長い政党政治家のキャリアを持つ鳩山一郎は、大日本帝国憲法のもとで営まれていた政治自体には肯定的で、その彼にとって敗戦とは、正しい政治からの逸脱の結果であった。東条英機内閣の商工大臣であった岸信介などは、敗戦に終わった戦争まで含めて、戦前の日本のありように対して全く肯定的であった。

しかし、政界入りが戦後であった中曽根は、そのような思考・態度と無縁であったし、戦争に関していえば、むしろ被害者的心情を抱いていただろう。彼の弟は、敗戦半年前に戦死している。付け加えると、中曽根は、ドイツとの比較で日本の戦争を「ドイツの場合は、国がクラッシュしてしまったからさっぱり始末がつけられたのですが、日本の場合は、イギリス、アメリカには普通の戦争、中国、東南アジアには侵略、韓国に対しては併合という帝国主義的行為をやっているんですね。やはり間違いは間違いとして反省し詫びるべきだと思いますよ」(『天地有情』)と総括している。

政治家・中曽根のイメージの最大公約数は、次のようなものであろう。彼のアイデンティティは、基本的にナショナリズムであり、改憲には当然前向きであったし、防衛問題に強い関心を抱くタカ派であった。そして、明確な反共であった。付け加えると、筆者の印象もそれと一致している。だが、これらが戦前の全面的な肯定、あるいは強い郷愁などから出発していたとはいえないのである。

天皇退位論

昭和二七（一九五二）年四月、サンフランシスコ講和条約発効直前、当時三三歳の若き代議士・中曽根は衆議院予算委員会において、昭和天皇退位につき吉田茂首相に質問している。

中曽根自身によれば「過般の戦争について天皇には責任はない。しかし、人間天皇として、心の痛みを感じ道徳的呵責（かしゃく）を感じておられるかも知れない。そういう場合、内閣はその天皇の自然な人間性の発露というものを抑えてはいけない。もし天皇が退位を考えておられるなら、内閣はそれを抑えるべきではない。天皇の退位という問題は、天皇が自ら考え自ら行動されるべき問題であるが、もしそのようなご決断が万一あれば国民や戦争遺族は感涙し、天皇制の道徳的基礎はさらに強まり、天皇制の永続性も強化されるであろう」という趣旨で質問を行ったのである（同）。

その中で、天皇が自らの御意志で退位されるなら、その機会は最近においては第一に新憲法制定、第二に平和条約批准（ひじゅん）、そして第三の、最後の機会としては平和条約発効の日が最も適当なのではないか、と吉田に問いかけた。もっとも、後年、さまざまな大臣ポストを経験し、ついには首相になって昭和天皇に長く仕える内に、「いわゆる天皇学というか、帝王学というものを完全にマスターしたりっぱな天皇だったと思います。もうこういう天皇は出ないかも」との思いに駆られ、「あのとき退位せず、我慢されたことはひじょうによかった」と、考えを改めているが（同）。

政治家・中曽根がめざしたのは、おそらく、歴史と伝統を踏まえつつも敗戦を大きな区切りとし、戦前とは一線を画する新しい保守政治であった。その道を日本が歩むためには、国民が戦前と変わらぬ敬愛の念を寄せる昭和天皇が、まず過去の戦争への苦悩から解放されなければならないと考えたのだろう。それは彼の構想する日本再建の一環であった。代議士初当選後、中曽根は「青雲塾」という思想集団をつくり、そこに青年たちを集めて講義を行ったが、その講義録では、「我々は今やマックスアーサー憲法を改正するのでもない。又明治憲法を改正するのでもない。二千年の歴史に立って、新しき発展のために、我が民族の在り方を国民全体で決定すべき、新憲法（昭和憲法）を創定すべき時と信ずる」（同）という、彼の考える戦後的保守の論理を展開している。

政界入り

さて、その中曽根は民主党公認の新人候補として選挙に立ち、初当選を果たした。民主党は、戦前の二大政党、つまり政友会・民政党のうち、民政党の方を色濃く継承した政党で、中曽根が初当選した選挙の前月、昭和二二（一九四七）年三月に芦田均を総裁、幣原喜重郎を名誉総裁として結成されていた。中曽根は、同党の掲げた「修正資本主義」に惹かれたという。発足当初の民主党は、自由党（鳩山一郎が立ち上げ、鳩山が公職追放された際に吉田茂が引き継いだ）の左、社会党の右を標榜していたのである。

その民主党は、同年五月に発足した片山哲内閣の与党（社会・国民協同両党と連立を組む）となり、次の芦田内閣でも与党となったが、同内閣が昭電事件で倒れて野に下った。次の第二次吉田茂内閣下の総選挙（昭和二四年一月）で、民主党は議席数がほぼ半減する大敗を喫し、中曽根自身も二回目の当選を果たしたものの、この時は二位当選であった。

ここから民主党は保守党再編の波に洗われる。翌二五年二月に約三分の一ほどが吉田茂の陣営に走った（田中角栄もその一人であった）。残った人々（中曽根はその中にいた）が三木武夫らの国民協同党と合同して国民民主党となったが、その二年後、二七年二月に同党は他の小会派と合して改進党に改組され、総裁に公職追放を解除された大物外交官・重光葵（東条英機・小磯国昭の両内閣で外相を務めた）を迎えた。

改進党は選挙による党勢拡張は思わしくなかったが、吉田茂と鳩山一郎との対立が激化して政界の流動化が進む中で鳩山系勢力と接近し、昭和二九年一一月、鳩山を総裁とする日本民主党結成に参加する。同党と、吉田引退後の自由党が翌年に保守合同を実現し、自民党が誕生すると、旧改進党系の政治家たちも、その中で一定の位置を占めた。まだ三七歳の中曽根もそこにいたが、この当時の彼は、鳩山からも吉田からも遠い、傍流の若手であった。

図17　河野一郎

「アカデミズム」の実践

昭和三〇（一九五五）年一一月誕生の自民党は、中選挙区制と総裁公選制度という二つの土壌により、短期間の内に派閥連合政党としての性格を示し始める。中曽根が居場所に定めたのは、鳩山直系でその人脈の多くを継承した河野一郎の派閥（春秋会。この名称は中曽根と稲葉修が提案し、賛同を得たものだという）であった。

改進党時代から保守合同、河野派への参加、やがて自ら派閥を率い、ついに組閣に至る中曽根の軌跡を解く上でのキーワードは「アカデミズム」ではないか、と筆者は考えている。ここでの「アカデミズム」とは一般的なそれではなく、政治家が、将来政治の重要課題となる可能性があると考えた問題について、知識・情報を得、認識を深め、その問題に対処する際の立場・観点を鍛え上げておく態度という意味で使う。これは筆者が勝手に案出した用語ではなく、中曽根が河野及び河野派について回顧した文章に登場しているのである。それを引用してみよう。

河野先生はしばしば、やり手、勘の良さ、自信過剰、偽悪家、単細胞、純情居士（こじ）、照れ屋、喧嘩好き、傲慢、浪花節（なにわぶし）的などと形容される。しかし河野という人物は、接して日常の馬鹿げたことから付き合っていかないと、なかなかその真価は分からない。仲間は徹底的に守り、かわいがるが、敵は徹底的にやっつける。地方豪族に特有の一族郎党主義を信条としていた。この中に入り込むと、団結、友情におおわれて、人間が溶かされていく。味方はなんでも善、敵はなんでも悪というふうになりやすい。私はこの点を常に注意していた。この集団はややもするとアカデミズムを失い、義理と人情が先行して、政策や理論が閑却される危険があったからである。つまり、私は河野先生にスキンシップで溶かされまいとしたのである。（中曽根『政治と人生』）

この文脈での使われ方と、中曽根の実践とを併せて考察すると、「アカデミズム」の意味は、前記のような解釈を下さざるを得ないのである。

アカデミズムの展開

中曽根がその「アカデミズム」の対象としたのは、まずソ連を盟主とする共産圏の動向であった。改進党時代の昭和二九（一九五四）年夏にソ連と中国を訪問している。左派社会党の勢力伸長、それに加えて中ソ両国が日本の社会・共産両党議員や進歩派知識人に招待状を送っていたという状況に危機感を抱いてのことであった。その際、総裁の重光からは反対されたという。今行くのは「脱線も脱線、大脱線」で、政治家のキャリアとして「将来の傷」になるとの理由であった（『天地有情』）。

中曽根はロシア革命勃発の翌年の生まれであるが、重光はロシア革命の年に満三〇歳で、若手外交官としてある程度の経験も積んでおり、直後にはパリ講和会議の全権委員随員をつとめ、昭和に入ってからは駐ソ大使となった経歴を持っている。その重光にとって、ソ連など共産主義国家とは、突如出現した、それまでの国際政治観では対処しきれない恐るべき存在であった。そこへ外交経験もない若手代議士が視察に行くのは、軽はずみで無謀な行動に見えたのかもしれない。

しかし、中曽根にとっては、共産主義国家が存在し、しかも存在感を高めつつあるのは、恐るべき潮流であるにしても所与の前提であった。中曽根は、その所与の前提の上に戦後日本の対外関係を再構築していくべきだと考えていたのである。後年、訪ソの動機を「ソ連の情勢をよく見て来て。それで、これとの「共存」を如何にやって行くかと。ソ連との間で領土を回復して、平和条約を締結する。そういう、ひとつの伏線を勉強するために行ったようなものだ。そういう意味で、吉田さん的な、ダレス〔トルーマン政権の国務長官顧問、アイゼンハワー政権の国務長官〕的な発想じゃなくして、北村さんや我々は平和共存の中で、日本を如何に生かしてゆくか。そういう発想が強かった」（西住徹（にしずみとおる）編『北村徳太郎談論編』）と説明していることからも、それはうかがえる。また「吉田さん的な、ダレス的な発想」を排する立場から、鳩山内閣実現に協力する方向に舵を切り、その流れで吉田茂を倒して鳩山内閣実現の原動力となった河野一郎を「こっちの陣営の急進分子」と認識し、その傘下に入ったのであった（同）。

付言すると、中曽根の説明中の「北村さん」とは北村徳太郎。親和銀行（本店・佐世保市）の頭取にして敬虔なプロテスタント信者、トルストイの小説に親しみ、政界入りしてからは片山内閣で運輸相、芦田内閣で蔵相となった一方で、対共産圏との関係改善に熱心に取り組み、日ソ東欧貿易会長を長年務めたという異色の政治家で、中曽根にとっては最も尊敬する人物の一人であった。

中曽根の他に北村に親近したのは園田直・桜内義雄・稲葉修らで、彼らは後に揃って河野派の中核となってゆくのであるが、それはそれとして、上述のような重光と中曽根の間の溝渠は埋めようがなかった。重光の反対について、中曽根が「もうこの老政治家は使いものにはならない」、「ひじょうに守旧派だな、ほんとうに古いな」という印象を受けたと回想している（『天地有情』）のは、それを示している。

ハンガリー訪問

さらに、中曽根はこの訪ソ・訪中の三年後、ハンガリーを訪問している。昭和三二（一九五七）年五月、中曽根は岸信介首相の随員として東南アジアを歴訪したが、パキスタンのカラチ空港で一行と別れ、中近東を廻った後、六月一一日、ユーゴスラビア経由でハンガリーに入った。当時のハンガリーは緊張と混乱の、濃密な余韻の中にあった。ハンガリー事件である。

前年一〇月下旬頃（奇しくも、日ソ国交回復直後であった）、ハンガリー勤労党（共産党）の強権的な支配に対する民衆の抵抗が激化、それにソ連軍が介入したことから武力衝突が発生し、戦闘による死者三〇〇〇（この数については異説がある）、西側への亡命者二〇万人を出した末、中曽根が入国する少し前、ハンガリー全土はソ連軍の制圧下に入っていた。中曽根がハンガリー訪問を思い立ったのは、反ソ蜂起に立ち上がったハンガリー民衆への共感と尊敬のためであったが、首都ブダペシュトに残る生々しい事件の痕跡に衝撃を受ける（以上、小島亮（こじまりょう）『ハンガリー事件と日本』）。

この時の体験について、彼は『天地有情』でも、また『天地有情』の一七年後に出たオーラル・ヒストリー『中曽根康弘が語る戦後日本外交』でも特に語っていない。滞在期間も限られていたし、監視の目も厳しかったのだろう。ただ、管見の範囲では、事件直後のハンガリーを実見した日本の政治家は中曽根以外にいない。それは、共産主義及び共産圏への強い関心の表れであり、同時に「アカデミズム」の発露でもあったろう。

原子力行政への関心

「アカデミズム」の対象となったもう一つの例として原子力を挙げておく。被爆国の政治家のテーマとしては微妙だが、中曽根は夫人の父親・小林（こばやし）儀一郎（ぎいちろう）から、日本におけるウラニウム埋蔵の可能性や、アメリカ・ドイツにおける原爆製造の情報、核分裂理論などを聞いていた。小林は東京帝国大学理科大学地質学科を卒業後、農商務省臨時産業調査局技師などを経て地質調査所（昭和以降は商工省鉱山局の所属機関）に転じた地質学者で、日本全国の温泉や油田の調査に従事するだけでなく、メキシコや樺太の石油、アメリカのオイル・シェールなどについても報告を残した。広島に原爆が投下された日、一五〇キロ離れた高松にいた中曽根にも原子雲がはっきり見えたというが、その時点で予備知識と興味を持っていたことになる。

そうした経緯もあって、原子力行政は政界入り後の重要なテーマとなった。昭和二八（一九五三）年にハーバード大学の夏期国際問題セミナーに招待された際（助教授だったヘンリー・キッシンジャー〈ニクソン、フォード両政権で国務長官〉との初対面であった）には原子力施設を見学し、また、当時のアメリカが原子力の平和利用に力を入れ始めている動きにも刺激を受けた。「これはたいへんだ、日本も早くやらないとたいへんなことになるぞ」（『天地有情』）という思いにかられたのである。それが帰国後、原子力委員会設置法・核原料物質開発促進法・科学技術法設置法などの一連の法体系整備を、全て議員立法で実現するという精力的な活動につながっていく。中曽根の初入閣は昭和三四（一九五九）年六月、第二次岸改造内閣の科学技術庁長官であるが、まさに「アカデミズム」が引き寄せたポストといえるだろう。

中曽根が旧制高校・大学時代、歴史哲学を中心に多様にして膨大な読書歴を積んだことは指摘されているが（草野厚「中曽根康弘―大統領的首相の面目―」〈渡邉昭夫編『戦後日本の宰相たち』所収〉）、政界入り後も好奇心旺盛にして勉強家であり、政治家としての抽斗を増やすことに熱心であった。それこそが、まさに「アカデミズム」だったのである。

派閥を率いる

昭和四〇（一九六五）年になって、政治家・中曽根に一つの転機が訪れる。七月、河野一郎が大動脈瘤破裂で急死した。当時の河野は、前月の第一次佐藤栄作内閣の改造によって閣外に去っており、佐藤との関係が元々良好でなかったこともあって、反主流派色を強めていた矢先の死であった。

『産経新聞』で河野派担当記者であった松平吉弘は、贔屓目もあるとはいえ、「春秋会の行動力、結束力、そして河野の統率力、どれを取っても他の派閥より勝れているように感じた」（『産経新聞政治部秘史』）と回想しているが、そのような派閥ほどリーダーの死が与える影響は甚大である。

とりあえずは集団指導体制をとったものの、河野死去の翌年、昭和四一（一九六六）年一二月の自民党総裁選がきっかけで亀裂が入る。佐藤栄作が再選されたのだが、旧河野派のうち、森清・園田直らが佐藤支持で動いたのに対し、中曽根らは、河野の遺志を受け継いで反佐藤の姿勢を堅持し、対立候補の藤山愛一郎を推した。これで分裂が決定的となり、中曽根と桜内義雄・山中貞則・野田卯一・稲葉修らが新政同志会を結成し、中曽根が代表となった。中曽根派誕生である。四八歳の中曽根は史上最年少の派閥リーダーであり、同年生まれの田中角栄が田中派を立ち上げるまでの約五年間、党内で最も若い派閥リーダーであり続けた。

「風見鶏」誕生

そのような経緯で一派を成しながら、翌昭和四二（一九六七）年一一月、第二次佐藤第一次改造内閣の運輸大臣となったことから、「風見鶏」などという、有難くない異名がついてまわるようになる。弁舌爽やかにスマートな雰囲気を演出して存在感を放ち、緻密な形勢観望と、したたかな計算で勝ち馬に乗り、確実に利益を得る。そのようなイメージが定着したのである。

ポスト佐藤を争う総裁選では、当初出馬の構えを見せながら、投票二週間前、自らの不出馬と田中角栄支持を表明し、田中政権で通産大臣・科学技術庁長官の要職を得る。ポスト田中を決める椎名裁定に際しては、田中の退陣表明から裁定が下る五日間に、大平に対する牽制から、展開によっては福田・三木・中曽根三派から九〇名ほどが脱党して新党を結成する工作に関与し（冨森叡児『戦後保守党史』）、裁定で発足した三木政権下では幹事長の要職を射止めた。

先述の「四〇日抗争」でも、大平の責任を追及する側にいたが、続編というべき翌年の通常国会における解散劇では、採決が行われる土壇場で議場に姿を現し、不信任案に反対票を投じている。当日、安倍晋太郎が福田赳夫の指示で議場から連れ出される光景を竹下登が目撃したことについては既に触れたが、実はそれに先だって、「裏切り者！」の罵声を浴びつつ中曽根が入場してくる一齣があったのである（前掲岡崎守恭『自民党秘史』）。

中曽根自身の回顧によると、第一議員会館の地下室に反大平派が集まって不信任案に対する方針を協議したという。欠席論が叫ばれる中、中曽根は「社会党が出した不信任案なんだから、みんなで内閣を守らなければならない。それが憲政の常道じゃないか」と主張して譲らず、「政治家はその進退を国民の前に明らかにしなくてはいけない。いまは野党に対して党を守ることが先決だからおれは本会議場に入る」と、自派の稲葉修と中尾栄一を促して議場に入っていった（『天地有情』）。

野次馬なら、颯爽たるものだな、と皮肉の一つも飛ばしたくなるが、こうした行動様式は、自分の個性と、自らの率いる派閥に対する冷徹な観察に基づくものだろう。

「風見鶏」のリアリズム

中曽根が派閥を率いるようになってから約二年後に刊行されたルポルタージュ（朝日新聞政治部編『政党と派閥　権力の座をめぐる人脈』）によると、中曽根派所属代議士は二四人（その半数が中曽根より年長）で、単純に比較すると、総裁派閥である佐藤栄作派（五〇人）、池田勇人派の後身・前尾繁三郎派（宏池会。後に大平正芳派。四三人）、三木武夫派（三六人）、福田赳夫派（二五人）に次ぐ第五派閥に過ぎない。これでは近い将来に天下をとる夢を見るわけにはいかないだろう。

派閥を養うのにはコストがかかるが、それも当初は「党三役はおろか、経済閣僚さえ一度も経験していないわけですから、金が集まるわけがない」（『天地有情』）という状態で、かつての親分・河野一郎のスポンサーであった永田雅一（大映社長）・萩原吉太郎（北海道炭礦汽船社長）も属していた三金会（第一勧業銀行〈現・みずほ銀行〉の融資系列から成る企業グループの社長会）と、日経連の専務理事をしていた前田一とが辛うじて支援してくれたという（『天地有情』）。

このような状態で「怨みつらみ」が前面に出やすい「政局」の世界に深入りすることは危険な選択であった。派閥間競争は自民党の活力であるが、それは競争の酷薄さの裏返しでもある。中曽根が身を置いた河野派は、岸信介が政治生命を賭して推進した安保条約改定に非協力的であったため、岸内閣退陣後に成立した池田内閣では、閣僚ポストからも党役員ポストからも疎外された。これを受けて、河野が自民党脱党・新党設立を、とまで思い詰めたのは有名な話だ。河野と池田勇人が接近するという、吉田・鳩山の対決時代ならあり得ない事態が現出すると、河野派はようやく復調したが、池田が退陣し、佐藤栄作政権の時代になると、また閣僚・党役員ポストともに冷遇された。

怨みを買い、主流派から遠ざかれば、このように干し上げられるのは当時の常識であった。他派閥の例で時期も飛ぶが、田中角栄が佐藤栄作の後継総裁となり、自分の政権を発足させる際、総裁選のライバル福田赳夫の派閥を、閣僚ポストで露骨な冷遇をしている。

過去の轍

こういう「恨みつらみ」の世界で後れをとらないためには、頭数や資金力、そして結束力が重要になるが、発足間もない中曽根派ではそれらが十全に備わっているとはいえなかった。それに加えて、もう一つ大事な要素としては、経験値、早い話が喧嘩慣れしているかどうかも意味を持ってくる。その点でも、中曽根派は危ぶまれる要素があった。保守合同以前、鳩山一郎らが政界復帰して以降の吉田・鳩山の全面対決は、「四〇日抗争」など子供の喧嘩に見えるほど激しく、感情むき出しの権力闘争が展開された。それを当事者として経験しているか否かで、相応の差は出るのではなかろうか。

たとえば福田赳夫は、昭和二七（一九五二）年一〇月の総選挙で初当選し、一年ほど無所属であったが、翌年一二月、自由党入りした。しかし、それは吉田茂の系列に連なったというわけではなく、一足先に自由党入りしながら、独自の新党結成構想の実現をめざしていた岸信介に共鳴したからであった。その翌年の一一月には自由党を脱してしまっている。保守新党結成構想をめぐって岸が自由党を除名されたのに殉じたのだが、その福田には、もとより鳩山・吉田いずれにも思い入れはなく、政界入りも遅かった関係で、吉田対鳩山の大図式の中では彼自身のいうとおり、「一兵卒」程度の関わりに過ぎなかった（福田『回顧九十年』）。その福田は「政局」に弱く、田中はもとより、大平にも勝てなかった。

三木武夫は、国民協同党から改進党というコースを歩み、吉田対鳩山の抗争からは距離を置いたところにいた。「ブラフと妥協」が彼の政治手法であり、「強引なことをしないという点でも一貫していた」政治家であった（北岡伸一『自民党』）。派閥として勢力弱体だったこともあり、正面から争って頂点を極めることは難しく、田中の不自然な退陣と椎名裁定がなければ、総理総裁の座を占めることはあり得なかった。

中曽根は、こうした現実にも思いをめぐらせていたのではないか。生兵法はケガのもと、軽はずみに「怨みつらみ」の世界に深入りして失敗するよりは「アカデミズム」に徹する、「政局」よりは「政策」――中曽根の軌跡はまさにそのように映る。年齢も同じで初当選も同期であった田中角栄が、当初は中曽根と同じ民主党に属したが、途中で離脱して自由党入りし、吉田系の中で一定の位置を占め、その後、「政局」で抜群の強さを示したのとは対照的であった。

このような政治家である中曽根が、総理総裁の座を手に入れるのは、本来は困難なはずである。「政局」に強くなければ天下はとれない。

風をつかまえる

仮に僥倖（ぎょうこう）でとれても、長続きはしない。

だが、大平政権誕生から「四〇日抗争」へと連なる「怨みつらみ」の連鎖に自民党は疲弊し、それが大平首相の死という、これ以上はない後味の悪い結末となったことが決定的な意味を持った。「怨みつらみ」を燃料とする派閥間競争が自民党の活力につながらないこともある、という現実を見せつけられ、党内の多くの人々が色々なことを考え始めたのかもしれない。そうしたことも含めて、中曽根は「風」を見ていたのであろうし、その「風」は、明らかに中曽根にとって順風であった。

総選挙の勝利は大平首相の死でもたらされたのだから、という論理もしくは状況の作用によって、大平の後継政権は、大平派の№2というべき鈴木善幸が組織した。大平派も鈴木派となった。自然な流れであったが、鈴木自身は郵政・厚生・農林の各大臣や総務会長を務めた経歴を持つ、大平派の温厚な番頭といった位置どりで、野心も敵もない人物であった。自前のやりたい政策も持たなかったが、亡き大平の遺産というべき問題意識は誠実に受け継ぎ、財政再建・行政改革に力を入れた。大平が財政再建のための一般消費税導入を掲げたことも、鈴木をつき動かしていただろう。金を食わない、効率的でスリムな「小さな政府」づくりは、当時の先進資本主義諸国共通の課題となっていたのである。「増税なき財政再建」を掲げて第二次臨時調整調査会（第二臨調）を発足させ（昭和五六〈一九八一〉年三月）、会長にかつて東芝の再建などで辣腕を揮った財界の大御所・土光敏夫（どこうとしお）（経団連名誉会長）を据えたことは話題をよんだ。そして、中曽根がこの内閣で、閣僚ポストとしては軽量級の行政管理庁長官に就任したことが彼の運命を切り開いた。軽量級だが行革担当ポストであり、まさにトレンディだったからである。

鈴木内閣発足にあたり、中曽根は蔵相の座を望んだが、他派閥との兼ね合いでそれはかなえられなかった。

行革と心中

そこで、通常ならポストの格にこだわり、蔵相に準ずる主要閣僚ポストを求めるところだが、中曽根自身は「私の肚は、受けるということで決まっていました。というのは、ここは一応勝負どころであって、鈴木内閣に密着して、その中で制覇していくという戦術の方がいいと考えていたわけですよ。だから、ポストは何でもよかった。行革というのは、時代の大きな流れの中のポストでしたから、不足はなかった」と考えたという。

政治評論家の細川隆元（ほそかわりゅうげん）から「行革で心中なさい。そうすれば総理の目が出るよ」と助言されたことも背中を押し、「じゃあここは大死一番、行革でやろう」という気持ちになったのだった（『天地有情』）。

アカデミズムの結実

これから後の展開は、よく知られているので詳述はしない。中曽根は、行管庁長官就任直後から同庁幹部と、池田内閣当時の臨時行政調査会（第一臨調）以来の大がかりな行革組織設置構想を練り始めるなど、精力的に動いていたが、第二臨調立ち上げの翌年、昭和五七（一九八二）年一一月の総裁選（鈴木善幸は不出馬）で当選し、政権を握る。そして、五年にわたる任期の中で、外交では日米同盟強化に大きな業績を挙げたが、内政では何といっても行革であった。

前政権で自らが閣僚として担当した課題、それも時代の強い要請に応えるべき重要課題（野党も、社会・共産両党と、公明・民社・新自由クラブ・社民連との間で差異はあったが、行革の必要性自体は認めていたし、マスコミや国民の関心も高かった）を、間をおくことなく、首相としての強いリーダーシップの下で継続できたのは幸運であった。中曽根も含めて、党内では鈴木の総裁選不出馬を予想していなかったのである。また、政権発足から四ヶ月後、昭和五八年三月に第二臨調が最終答申を出したのも、政策遂行のリズムとしてはよかった。

行革の具体的な成果としては、まず昭和五九年八月、健康保険法改正案が成立した。従来は初診料などを除き無料だったサラリーマンや公務員なども、医療費の一割を自己負担することなどを骨子とするものであった。同じ八月に日本たばこ産業株式会社法など、日本専売公社民営化関連五法案が成立している。日露戦争の戦費調達の目的で開始された煙草専売制度が、ここに八〇年の歴史を閉じ、民営化されることになった。

暮れの一二月二〇日には電電改革三法案が成立し、電話事業も民営化された。民営化の最難関・国鉄は、民営化はよしとしても、それとセットになった分割（分社化）には抵抗した。しかし、中曽根第三次内閣になっていた昭和六一（一九八六）年一一月、ついに国鉄改革八法案が成立し、翌六二年四月、国鉄も一一四年余の歴史に幕を閉じた。ここに、行革の目玉であった三公社改革がすべて実現した。

こうした行革、さらには未完に終わった教育改革などを推進すべく、多くの審議会・懇談会といった諮問機関がつくられ、そこには中曽根の広い人脈に連なる学者・財界人・官僚ＯＢが結集した。それは一般的な意味でのアカデミズムの動員であったし、中曽根が積み上げてきた「アカデミズム」ともみごとな親和性を発揮したのであった。

七〇年代に「三角大福中」と呼ばれた、ポスト佐藤栄作をうかがう五人の派閥リーダーのうち、最後に組閣した中曽根が最長の政権を築き、最良の成果を挙げ得た要因の一つは、確かにそれであったと思われる。

政策と「怨みつらみ」

鳩山一郎は、公職追放が解けて政界復帰した暁には自由党を返すという密約を履行しなかった吉田茂に対して、当然怨みを抱いた。それは同時に、吉田が占領軍と共同作業で築いた戦後日本への疑問と批判に重なっていた。鳩山は吉田を追い落として政権の座に就くと、吉田路線の修正を果たすべく憲法改正をめざし、それが難しい情勢となると、吉田が目を向けず、行動を起こすこともなかった日ソ国交回復実現に動いた。鳩山をそこへ動かしたのは、やはり反吉田であった。

佐藤栄作は、かつて「吉田学校」の同級生であり、ともに吉田を支えてきた池田勇人が、自分に先んじて政権の座に就いたばかりか、かつては共通の宿敵であった河野一郎と接近したことに、安からぬ感情を抱いた。佐藤はその思いをぶつけるべく、沖縄返還を掲げて池田が三選をめざした総裁選に挑戦した。

このように、自民党初期のリーダーは「怨みつらみ」と政策をセットにすることが比較的容易にできた。それは、敗戦から占領を経て独立を回復した日本が、将来解決すべき課題を多く抱えていたためであった。その課題とは、戦前、近代化を成功させて列強の仲間入りを果たし、国際連盟でも重きを成すようになった日本が、敗戦で失ってしまったものを取り戻すことに他ならなかった。

鳩山が達成したのは、日ソ間の国交回復だけではなく、北方領土問題解決に一定の展望を開くことであり、抑留者の帰還であり、日本の国連加盟（国際社会への完全復帰といえるであろう）であった。佐藤が実現したのは、かつて沖縄県で、戦後も領土主権は依然として持っていた国土の施政権回復であった。戦前の、本来あるべき日本を取り戻す、という基準に照らせば、政権を獲得してやるべき課題を見つけることは、もちろんそのリーダーの資質や普段の努力にもよるとはいえ、途方もなく困難な作業というわけではなかった。佐藤栄作が、後に首相秘書官となる産経新聞記者・楠田實（くすだみのる）の進言を受け容れ、池田勇人に総裁選で挑戦するためのブレーン集団立ち上げを構想したのは昭和三八（一九六三）年の暮れのことで、それからわずか約半年後の総裁選では、キャッチフレーズとして「社会開発」、目玉政策として「沖縄返還」を掲げて池田と戦っているのである。

だが、中曽根が「怨みつらみ」が「入ってきましたね」と評した時期、「怨みつらみ」と政策をセットにすることは難しくなっていた。

日本が驚異的な経済成長を遂げ、戦前の地位なり存在感を取り戻すことに成功してしまったことで、政治は次なる魅力的な政策テーマに行き詰まり、その一方で先進資本主義諸国が共通して直面しなければならない、成熟とともに増大する社会保障費といった問題が日本にも降りかかってきたのである。大平が財政再建という、直ちに給料が上がるわけでもインフラが充実するわけでもない、地味な政策目標を掲げ、消費税導入まで示唆したのもその現れであった。これを掲げて総裁選に挑戦すれば、国民にも受けはよく、そうであれば選挙にも勝てそうだということで党内の支持も得られそうだ――そんな政策は、簡単にひねり出せそうになくなってしまっていた。

目玉政策のネタ切れ状態にあった時、政権党の中に抗争が起これば、必然的に「怨みつらみ」だけが突出する。従来から「怨みつらみ」から遠い位置にいた中曽根からは、実際に「入ってきた」ように見えてしまったのかもしれない。

その中曽根は、豊かな向学心を生かした幅広い知識・教養を持ち、政治家として多くの抽斗を用意していた。それこそが「アカデミズム」であり、次なる政策課題を見つけるのが困難な時代にも対応できる能力につながった。中曽根は、その意味で時代が求めた政治家であったし、実際に大きな業績を挙げた。まさに、自民党の新たな歴史を画する存在であったといえるだろう。

光栄ある終身比例一位

自民党も中曽根の業績を高く評価し、政権の座を降りた中曽根に破格の待遇を与えた。オーラル・ヒストリー『天地有情』が出たのと同じ年、平成八（一九九六）年に、中曽根の終身比例（北関東ブロック）第一位を決めた。

その時の自民党総裁は、国鉄改革八法案が成立し、国鉄の分割民営化がついに実現にこぎ着けた時の運輸大臣で、中曽根が「行財政調査会長をやっていたからいきさつをよく知ってるわけで、臨調ともうまくやっていける」と見込み、「緻密で、いろいろと手を打つことを知っている。それに答弁にもそつがない」（『天地有情』）点を買って起用した橋本龍太郎であった。

だが、この中曽根にしてもなお翻弄される。それが現実政治の怖さであった。

待ち受けていた「怨みつらみ」

世紀の変わった平成一五（二〇〇三）年一〇月二三日朝、特異な髪型の白髪の男が、平河町の砂防会館（一般社団法人全国治水砂防協会の本部ビル）に中曽根を訪ねてきた。中曽根は、ここに個人事務所を構えていたのである。中曽根が硬い表情でテープレコーダーのスイッチを入れる。それが合図でもあるかのように、白髪の男——首相・小泉純一郎が話を切り出した。来月九日投票予定の総選挙には出馬せず、勇退していただきたい。小泉の用件はこれであった。

中曽根は当然激怒して、比例区終身一位は党の公約だったはずだ、と反論した。小泉がわずか二〇分で引き上げた後、記者会見やテレビ出演で小泉批判を展開し、特に記者会見では「総理総裁をやったものに対して突如として爆弾を投げつけるようなものだ」とまで言った（以上、倉重篤郎『小泉政権一九八〇日〈上〉』）。

だが、こうした中曽根の反応も小泉にとっては計算の内だったのだろう。小泉はこの二年半前に自民党総裁選で勝利した際、派閥の推挙を受けず、訴える政見を自民党を変えることに集中させ、しかも三回目の挑戦を実らせたという（過去にこれだけの回数をかけて当選した総裁はいない）異色の総裁で、挑発的発信とでもいうべきコミュニケーション術に長けていた。総選挙を間近に控え、自民党を変えることに本気で臨んでいる姿勢を示すために、思い切った世代交代をアピールすることが選挙戦術としてどうしても必要だったのである。中曽根の激しい反発は、むしろ、小泉のために世代交代を宣伝しているかのような効果を生んだ。ちなみに、この時には中曽根より一歳下の宮沢喜一（みやざわきいち）も勇退を求められたが、宮沢の場合は抵抗もせず、あっさり受け容れている。

この不本意な勇退の翌年、平成一六（二〇〇四）年に中曽根は回顧録『自省録』を出し、そのサブタイトルを「歴史法廷の被告として」とした。政治家の価値は歴史が決めることだが、自分は歴史法廷に被告として引きずり出されても決して有罪になることはない――中曽根がそう確信しているらしいことが、この書物からは読みとれる。

だが、それでも、小泉への怨みつらみを書き込まずにはいられなかった。中曽根ほどの政治家が、米寿近くになって「怨みつらみ」と直面させられる。それは、政治が持たざるを得ない「業」のようなものなのだろうか。あるいは、政治家が「歴史」となるための、避けて通れない道なのであろうか。

「政治改革」以後

宮沢喜一の大見得

いや、だってやるんですから。私は嘘をついたことはない。
（平成五〈一九九三〉年五月三一日放映のテレビ番組「総理と語る」での発言。田原総一朗『今だから言える日本政治の「タブー」』）

本書で取り上げる政治家の発言のほとんどは、ああ、いかにも彼らしいな、あるいは、彼ならまあそう言うだろうな、という種類のものである。数少ない例外が、今回の宮沢喜一と、ラストの橋本龍太郎ということになる。橋本は自らのやりたい政策を実現しようとする熱意に突き動かされ、柄にもない台詞を吐くのであるが、宮沢の場合は、「らしくない」が重層的になっている点に違いがある。らしくない課題に取り組まざるを得なくなり、ここに掲げた、らしくない大見得を切らなければならない立場に追い込まれたのである。

テレビの中で見得を切る

宮沢が問題の台詞を吐いたのは、政権の座に就いた翌年の平成五（一九九三）年五月三一日放映のテレビ番組「総理と語る」であった。各局持ち回りの特別番組で、この時の担当はテレビ朝日である。インタビュアーに選ばれたのは田原総一朗（たはらそういちろう）。東京12チャンネル（現・テレビ東京）でのドキュメンタリー制作からフリージャーナリストに転じ、その後、テレビ朝日の「朝まで生テレビ」（一九八七年〜）、同「サンデープロジェクト」（一九八九〜二〇一〇年）など、テレビを主たる活躍の場とする政治キャスターとなっていった。

図18　宮沢喜一

田原自身の個性や関心がその原動力であったろうが、政治報道の主体としては後発のテレビというメディアが、八〇年代に入りテレビならではの手法を駆使した政治報道の充実・強化へと舵を切りつつあった中で、田原や久米宏（くめひろし）（元ＴＢ

Sアナウンサー。局アナ時代に「ぴったしカンカン」や「ザ・ベストテン」など、芸能系番組の司会者として人気があった）のような、テレビでの見せ方・語り方に通じたキャスターを求めていた流れにも乗ったのである。

その田原は、「総理と語る」のインタビュアーを引き受けるにあたり、政局にじかに斬り込めるのなら、という条件をつけた。これに官邸が態度を硬化させ、テレビ朝日側も困惑する。総理への質問なら、たとえば「人生観は？」とか「好きなものは？」のように穏当な範囲にとどめ、政局に関する生臭い話題は避けるという、同番組の慣例を破ることになるからである。

ところが、当時の官房長官・河野洋平（こうのようへい）のゴーサインにより、官邸が条件を受け入れた。その結果、田原は、当時最も世論の関心を集めていた問題である「政治改革」——選挙制度改革関連法案を、開会中の通常国会で成立させる意志があるかどうか、番組の中で宮沢を執拗に追及した。そして、その止めというべき質問、「もしできなければ、首相を辞める？」に対し、叩き返すように放った宮沢の一言が、「いや、だってやるんですから。私は嘘をついたことはない」だったのである。

宮沢のこの時の渾身の大見得は、二重の意味で彼らしくないものである。まず、論理より感情に導かれたような、直截的な断言が彼らしくない。そして何より、実行の意志を強烈に表現した「政治改革」について、彼は本来懐疑的だったはずである。

「らしくない」に分け入る

この当時熱く議論されていた「政治改革」の骨子は、従来の中選挙区制を小選挙区制に改めることであった。

一選挙区あたり一人だけ代議士を選ぶ小選挙区制は、死票を多く出す一方で、わずかな得票数の差を決定的な議席数の差に拡大・変換することにより、二大政党間のダイナミックな政権交代を導く。また、小選挙区制では一政党から一人の候補者しか立候補しないため、有権者の選択も「人」よりは「党」、つまり各々の党の掲げる政策本位のものとなるだけでなく、選挙区が狭小となる分、選挙費用低減効果も期待できる。以上が小選挙区制推進の理由で、理想像は議会政治の祖・イギリスであった。

小選挙区制採用がクローズアップされ始めたのは、宮沢の組閣より四年前、昭和六三（一九八八）年に発覚したリクルート事件がきっかけであった。リクルート社前会長・江副浩正が、リクルート・コスモス社の未公開株を多くの政治家に譲渡していたという同事件は、政治と金との不明朗な関係を疑わせるとともに、当時の首相・竹下登をはじめ、自民党の主要な政治家のほとんどに傷を負わせた（宮沢自身もその中に含まれていた）。このため、竹下のあとは宇野宗佑・海部俊樹という、派閥リーダーではない人物が連続して総裁とならざるを得ない異常事態となり、自民党としては派閥連合政党としての機能不全から脱却するとともに、世論の批判にもこたえなければならなくなった。

所属する名門派閥・宏池会のリーダーの座を鈴木善幸から引き継いでいた宮沢が総裁選に勝利し、久々の本格政権として期待を集めるより四ヶ月前、平成三（一九九一）年六月、小選挙区比例代表並立制を骨子とする政治改革関連三法案が党議決定され（「ＹＫＫ」、つまり山崎拓・加藤紘一・小泉純一郎を中心とする反対も強かった）、八月開幕の臨時国会で審議されるも廃案となり、これが引き金となって宮沢内閣の前の海部俊樹内閣は退陣している。だが、政治改革自体は避けて通れない宿題として引き継がれていくこととなった。

日本人に合うのか

リクルート事件に危機感を抱き、自民党内の同志と「ユートピア政治研究会」を立ち上げ、政治と金の関係を議論していた武村正義（滋賀県知事から一九八六年に代議士初当選）は、研究成果として小選挙区と比例代表制を組み合わせた選挙制度改革案を作成し、党の主要な政治家に意見を求めたという。その際、おだやかな口調で「武村さん、小選挙区は日本人の体質に合いますかね」と疑問を投げかけたのが誰あろう宮沢で、武村は「すごく重い言葉だな」と感じたという（御厨貴・牧原出編『聞き書　武村正義回顧録』)。

比例代表制で中和するとはいえ、小選挙区制のウィナー・テイクス・オール的非情さは、和を尊ぶ日本人のメンタリティーにそぐわないのではないか、との潜在的な懸念は無視できなかった。宮沢は、自民党内で最も明確にそれを指摘した人物だったのである。

しかし、この武村らの案が政治改革の基調の一つとなり、宮沢が海部内閣を引き継いだことで、宮沢は有効性を信じていたわけではない改革に取り組まされ、不似合いな大見得も切ったのだった。

「政治改革」という熱病

ある時期から、誰もが「政治改革」を熱く語りはじめ、誰の予想をも越えた速度で「政治改革」が最優先課題となっていった。

宮沢の大見得から一年も遡らない平成四（一九九二）年八月、東京佐川急便事件（運送大手・佐川急便グループの中核をなす東京佐川急便が暴力団系企業に巨額の融資や債務保証を行い、倒産寸前に追いつめられたことから同社社長・渡辺広康らが特別背任容疑で逮捕された事件）の解明途上で、渡辺が平成元年七月の参院選の資金として自民党副総裁・金丸信（竹下派会長）に五億円を渡したことを告白し、これを受けて金丸は東京地検特捜部から略式起訴された。金丸は、翌九月になって当初否定していた五億円受領と、その手続き上政治資金規正法違反（政治資金収支報告書への記載漏れ）があったことを認める上申書を東京地検特捜部に提出し、罰金五万円を支払った。

法律上はこれで決着がついたことになるのだが、リクルート事件の余韻を引きずった世論の熱度上昇が、上申書での幕引きを目論んだ竹下派会長代行・小沢一郎の予想を越えており、金丸は議員辞職に追い込まれて政治生命を失った。小沢は金丸を守れなかった責任をとって会長代行を辞任したが、それはかねてから派内にくすぶっていた小沢批判をかき立てる結果を招いた。

そして、小沢グループと反小沢グループとの対立が、ポスト金丸の竹下派会長選びで噴出する。羽田孜蔵相を押し立てた小沢グループは、小渕恵三を担いだ反小沢グループに敗れ、政策集団「改革フォーラム21」を結成し、ここに最大派閥・竹下派は事実上の分裂状態に陥った。小沢グループが「改革フォーラム21」を名乗ったのは、政治と金の問題を金丸の失脚という枠にとどめず、むしろこれを逆手にとって「政治改革」を政策目標に掲げることで主導権を握る狙いであった。この限りにおいて、「政治改革」は竹下派の内部対立の争点だったのである。

テレビが導く

ところが、「政治改革」は竹下派の外でも、自民党内の熱い議論の的となり始めていた。この点については、岩井奉信の研究（「五五年体制の崩壊とマス・メディア」、『年報政治学』第四六号）に詳しい。それによると、当時の自民党内では、中選挙区制の恩恵に浴してきたベテラン・中堅層と、中選挙区制を障壁として意識することの多かった若手との間の世代間対立が急速に顕在化した。また、政治改革論議の原点であるリクルート事件では、自民党だけでなく、野党議員の名も多数挙がっていたことから、金権体質は自民党固有のものではなく政界全体の構造的問題で、その元凶が選挙制度であるという議論が説得力を持ち始めており、そのような声は自民党の若手議員からより強くあがった。しかも、それは派閥横断的、さらには超党派的広がりを持つようになっていった。

こうした議論の拡声器の役割を果たしたのがテレビであった。

図19　田原総一朗(共同通信社提供)

新聞の、いわゆる番記者中心の取材体制からは距離があり、限られた時間の中で音声と映像により視聴者に訴えなければならないテレビにとって、政治改革の必要性を歯切れよく主張する若手議員の、生放送での出演は必須であった。そうしたテレビ報道の中で中心的な役割を果たしたのが田原総一朗の「サンデープロジェクト」と久米宏の「ニュースステーション」で、この流れにより、選挙制度改革を骨子とする政治改革は、テレビに背中を強く押されて最緊急課題として浮上し、宮沢もテレビで大見得を切らなければならなくなったのだった。

ふるわれないリーダーシップ

しかし、宮沢が自民党総裁として政治改革実現に強い指導力を発揮する場面は、全くといってよいほどなかった。

詳細は省略するが、宮沢の大見得のとおりに政治改革関連法案は国会提出されたものの、自民党の単純小選挙区案と社会・公明両党による小選挙区・比例代表併用案（有権者は小選挙区と比例代表に一票ずつ投じるが、議席は基本的に比例の得票率で配分し、比例で得た議席数から小選挙区当選者数を引いた分を各党の名簿順位上位者から選ぶ制度。ドイツ連邦議会がこの制度を採用）との間で調整・妥協がはかられず、宮沢の大見得の放映から約半月後の、平成五（一九九三）年六月一八日に野党提出の内閣不信任案が成立し（小沢・羽田グループが賛成票を投じた）、解散・総選挙となった。

七月一八日に行われた投票の結果は、自民党が第一党となったものの過半数に遠く及ばず、社会・公明・民社の既成野党に加え、小沢・羽田グループが結成した新生党、ユートピア政治研究会を母体とした新党さきがけなども結集した連立政権・細川護熙（ほそかわもりひろ）内閣の登場をみる。三八年間政権を担当してきた自民党の下野という大変動であった。

細川内閣は成立当初、「久米・田原政権」と呼ばれることがあったという（岩井奉信前掲論文）。久米と田原の担当番組がこの政権交代に果たした役割は確かに大きかったが、わけても宮沢の大見得を引き出し、退路を断たせてしまった田原の存在感は圧倒的であったというべきだろう。

宮沢式総括

朝日新聞記者・若宮啓文は、その著『忘れられない国会論戦』（中公新書）の中で、宮沢にある事実を指摘してみせたエピソードを書いている。

戦後、内閣不信任案を通され、解散に追い込まれた首相は吉田茂・大平正芳に宮沢を加えた三人で、それに閣僚（通産大臣）として唯一不信任案を浴びせられて辞職に至った池田勇人を加えると、人脈的には吉田系、それを引き継いで保守本流を自任する宏池会の筋で一本につながるが、という問いを宮沢に投げかけたのである。それを聞いた宮沢は「面白がってしばらく考えた末」、「われわれ四人はみな官僚出身で、政策はわかるんだが、人脈とかドロドロした人間関係は下手なんですよ。人間関係は類推がきかないから。それで不信任の兆しをつかんだり、その芽を摘みとる方法を知らないんだ。おそらく」と「解説」してくれたという。

これは、それこそ普通に読んで面白がればよい挿話なのかもしれない。ただ、この『忘れられない国会論戦』の刊行が平成六（一九九四）年一〇月で、宮沢の退陣からわずか一年二ヶ月後であることに、筆者としては興味を惹かれる。少なくとも、この若宮と宮沢との会話は、無念の退陣の余韻さめやらぬ頃になされたはずであるにもかかわらず、若宮の指摘を面白がれる宮沢の感性は、常人の理解を越えている。気分転換が早い人格なのかもしれないが、それだけで説明がつくものであろうか。

「傍観者」としての前歴

宮沢のこうした反応には、どことなく既視感のようなものが浮かび上がる。政権の座に就く約二〇年前の昭和四五（一九七〇）年一月、第三次佐藤栄作内閣成立により通産大臣に就任した宮沢は、前任者の大平正芳時代から持ち越された、ある難問を抱えることになる。その前年、佐藤首相がアメリカのニクソン大統領との交渉で沖縄返還をまとめ上げる際、ニクソンから日本産繊維製品の対米輸出自主規制を求められていた。来る一九七二年の大統領選挙での再選をめざすニクソンが、南部繊維産業の票獲得を目論み、沖縄返還の交換条件のような意味合いで持ち出したのである。その解決が、大平を引き継いだ宮沢の肩にかかってきたのであった。

だが、通産大臣・宮沢はこの問題の解決のために何ら有効な手を打たなかった。その要因について、宮沢は後年の回想（『戦後政治の証言』）で、自分が権力の行使について慎重で、対象を国益とか公共の福祉にかかわるような重要なものに限定すべきと考えていたためだ、と弁明している。

ところで、この日米繊維問題は宮沢の後任である田中角栄が、剛腕を発揮して鮮やかに解決している。アメリカの要求する日本の繊維製品対米自主規制を呑み、それにより転業もしくは廃業せざるを得なくなる日本の繊維業者については、転廃業で不要になる機械を国が買い取って援助することとし、それに要する二〇〇〇億円（当時の通産省の一般会計予算の半分に相当する巨額だった）の支出を大蔵省に認めさせたのである。

この点について、宮沢は同じ回想の中で「政治家の仕事は、ものごとをすべて合理的に処理すればよいというものではなく、時には泥をかぶって憎まれ役になり、問題の解決に当たらねばならないこともあろう。潮時をみさだめ、あえて政治的収拾に踏み切った田中氏の決断は、その点でひとつの見識を示したものであった」と論評している。説くところは全く正しいが、それでは何故、宮沢自身には田中のような見識に基づく決断ができなかったのかについては言及がない。このような態度をさして、北岡伸一『自民党』は「傍観者的」と評した。

行政が追求すべき合理性

ただ、宮沢が前掲『戦後政治の証言』から一四年後、平成一七（二〇〇五）年の回想（御厨貴・中村隆英編『聞き書　宮澤喜一回顧録』）で日米繊維問題に触れている箇所は、だいぶニュアンスが違う。

それによると、宮沢は事務次官の大滋弥嘉久に、日米繊維問題で自主規制実現のための貿易管理令が出せるか、と尋ねたという。それに対し大滋弥の答えは否定的であった。第一に、戦略物資の輸出規制なら充分に可能だが、繊維製品はそれに該当しない。第二に、従来あったテレビや鉄鋼の規制の場合はメーカーの数も少なく、製品の種類も限られているので網をかけやすかったが、「品物が千差万別の上に、取扱業者が糸からアパレルまで、殊に中小まで行くとほとんど無数にある」繊維業界だとはなはだしく困難である。このような回答を聞いた宮沢は自主規制を断念した。「私の性格に欠陥があるところなんですが、法律的にできないという話をやるということはよくない。どんなに政府が望ましいと思っても、これだけはっきり規定されているものを、力ずくでやるということは、どうも私はよくないと思う」という理由からであった。

この理由付けは、広い意味で『戦後政治の証言』でいう、権力の行使に慎重だったから、と同じことになるのだろうが、それよりはむしろ、行政としての合理性・論理性に忠実であることに徹した、と表現する方が適切に思える。繊維製品輸出自主規制を実現した田中のとった手段については、「最後にこの問題が落ちが着きますのは、それから二年も経って、田中角栄さんが通産大臣になって、千何百億円かの金を出して構造改善をするという業界の欲得ずくの話になってできるんですが、そうでない場合には、どうもできる可能性がないと私は思うわけです」と、前の場合よりかなり否定的なトーンで語っている。

回想というものは、単に記憶の残存量に着目するならば、時間的に先になされた方をより信頼すべきであるが、常にその基準が正しいとは限らない。宮沢が総裁になった平成三（一九九一）年、つまり田中派の後身である竹下派が自民党を牛耳っていた（田中も政界を引退していたが存命であった）時期に刊行された『戦後政治の証言』よりも、宮沢の引退後で党内状況も激変していた小泉純一郎政権時代の『聞き書　宮澤喜一回顧録』でむしろ本音を語っていると考えるべきであろう。自分の方針こそが行政としては正道、田中のやり方は政治に偏した邪道——宮沢はそう信じて疑わなかったのではないか。蛇足だが、『聞き書　宮澤喜一回顧録』刊行と同年に行った「日米五十年」という講演（自民党編『決断！あの時私はこうした』所収）の中でも、宮沢は日米繊維交渉に触れているが、それは日米経済摩擦の起点という位置づけであり、うまくいかなかった原因については『聞き書　宮澤喜一回顧録』と同趣旨である。田中の交渉については言及がない。

　こうした流儀の宮沢が「政治改革」に直面させられたらどうなるか。その根本である小選挙区制に、彼は重大な疑念を持っているのである。権力のふるいどころである国益や公共の福祉とのつながりも不透明だ。突然浮上し、しかも首相である自分が有効性を認めてもいない政策の実現に、責任など持てようはずもない——宮沢がそう考えても不自然ではないし、そうであれば、指導力発揮に前向きでなかったのもうなずける。

「政治改革」失敗により内閣不信任案成立、解散・総選挙、自民党下野という一連の過程は、宮沢にとって、官僚出身政治家の党運営術の未熟という一般論に原因を帰着させて面白がれるほどの、論理的にはごくごく当然の帰結だったのだろう。田原総一朗に切った大見得は、時の勢いに乗せられ、また首相という立場上仕方のなかった一瞬のぶれ、ということになろうか。

政治家にとっての合理と不合理

宮沢喜一という政治家は、政策の内容にも実行の手続きにも徹底して合理性を追求した、希有な個性の持ち主であった。その知性を、佐藤栄作や福田赳夫は高く評価した。しかし、政治の世界における合理性は、本来そう単純なものではないのだろう。

田中角栄が日米繊維問題で示した解決は、行政の論理でいえば確かに合理的とはいえない。しかし、間近に迫っていたポスト佐藤の総裁選に参戦するつもりであった田中にとって、強力なライバルになるであろう福田赳夫に対抗するために、目に見える大きな業績が必要であり、そのためには手段を選ばず繊維問題を解決しなければならなかった。最高権力という、政治家にとってこれ以上はない合理的な目標をめざすのに、この程度の邪道が何だというのか——田中なら、確実にそう考えるだろう。

宮沢より約四半世紀前に自民党第三代の総裁となった岸信介は、権力を固めて安保条約改定を実現するために、強引さを厭わずあらゆる手段を繰り出した。唐突な警職法改正案提出、総裁選繰り上げ実施、政権譲渡密約、警察官の国会導入による会期延長・安保条約批准強行採決など。それらは問題であったが、社会党などの勢力が強かった時期にバランスのとれた日米関係を確立するには合理的——少なくとも岸はそう考えていたはずである。

宮沢に、田中や岸の思考・行動を求めるのは無理であった。宮沢は一歳上の中曽根康弘（なかそねやすひろ）にこそ及ばなかったものの米寿まで生き、多くの回顧録やオーラル・ヒストリーを残している。それらは、政治家の世界の合理性に馴染むことのなかった、特異な政治家の記録として、読まれていくべきものなのだろう。

細川護熙の深夜劇場

夜騒ぐ男じゃのう。

（長田達治『細川政権・二六三日』）

本章は、本書の中では異色である。とりあげる発言の主と、タイトルとなった人物が一致していない。主人公はタイトルどおり細川護熙（ほそかわもりひろ）で間違いないが、発言したのは平成六（一九九四）年当時細川が首相を務めていた、非自民八党派から成る連立政権の最大与党である社会党の委員長、村山富市（むらやまとみいち）である。大分弁の長閑（のどか）な調子が、細川政権の華々しい船出から不得要領な終末へ向かう過程と、奇妙に調和している。村山のこの台詞は、連立政権の終末近く、それを予告するかの如く漏らされたものであった。「夜騒ぐ男」とは、三八年間政権党の座にあった自民党を引きずり下ろして発足した、非自民連立政権の首班、

図20　細 川 護 煕

図21　村山富市（内閣広報室提供）

細川護煕にほかならない。

実際、夜行性の政権というものがあるのか、と下手な突っ込みを入れたくなるほど、細川政権下での重要な発表、動きは深夜にあった。それがまた、政権の性格、運営の実態を示してもいたのである。

祖父はあの近衛文麿

細川の母方の祖父は近衛文麿。五摂家筆頭、近衛公爵家の当主である。学習院中等科・一高から東京帝国大学に入学するが、京都帝国大学法科大学に転学、卒業後、貴族院議員となる。名門の御曹司にふさわしい風貌、ひときわ目立つ長身。

しかし、引きつけられるのは外見や雰囲気だけではない。饒舌ではないのに、会った人を魅了してやまない知性と聞き上手も特筆される。

図22　近衛文麿（国立国会図書館「近代日本人の肖像」）

それに加え、必ずしも順風満帆ではなかった人生の陰影も刻み込まれている。長ずるまで実母と信じていた継母（実母の異母妹であった）との確執、次代を担う政界のホープと目された父・篤麿が早世した途端、掌を返したように債鬼が近衛家に押しかけてきたという、世間の酷薄さの記憶、社会主義への強い関心、等々。これらが、青年貴族、あるいは政界の惑星・近衛文麿の清新なイメージとして結晶した。

その近衛が注目されだしたのは、昭和七（一九三二）年に起こった五・一五事件の後、つまり政党内閣時代が終わり、元老・西園寺公望が、苦心の銓衡により後継首班候補を捻り出し、各勢力を糾合した、寄せ木細工のような挙国一致内閣をつくり続けていた時代であった。大日本帝国憲法に定められた政治機構は、内閣・帝国議会・枢密院・陸海軍など諸機関が横の連絡のないまま天皇に直結するという分権的なシステムをとっている。伊藤博文・山県有朋らが元老として健在であった頃は、彼らがこれら諸機関をまとめ、調整して国家意志をつくり出していた。彼らが亡くなった後は、原敬率いる政友会が各機関に味方を増やし、かつての元老に代わって統合機能を果たした。原の没後は、政党内閣時代の本格的な到来とともに、第一次世界大戦後の世界的な軍縮・国際協調の波動、さらに「デモクラシー」の風潮も追い風となり、帝国陸海軍といえども、政党と協調しなければ予算獲得もままならぬとあって、政友会・民政党の二大政党が統合機能を担ったのである。

しかし、五・一五事件が全てを変えてしまう。そこへ近衛のような、各方面から絶大な人気を集める人材が現れれば、この人物なら失われた統合機能を回復できるのではないか、という期待が集中するのは必然であったといえるだろう。それに応えるかのように、近衛は一国一党体制の構築をめざし、「新体制」運動に乗り出していったのである。

「新体制」と「新党」

この近衛文麿の次女・温子が、旧熊本藩主細川家の第一七代当主にして、近衛が第二次内閣を組織した際には首相秘書官を務めた護貞に嫁して生まれたのが、細川護熙である。彼は、上智大学卒業後、朝日新聞記者となるも数年で退職、参議院議員二期を経て熊本県知事となった。幕藩制が続いていたら藩主となっていたはずの地で知事となったのである。現代における藩主というべきその座も二期で退き、国政に乗り出す。ただ、祖父のような屈折や陰影とは無縁で、生まれた時代も違う細川のとった手法はユニークであった。

平成四（一九九二）年、細川は雑誌『文藝春秋』に論文「「自由社会連合」結党宣言」

を発表するかたちで新党構想を示し、その趣旨に賛同した人材を集めるという、型破りの方法で五月に細川新党——日本新党を旗揚げした。その傘下に入ってきた人々の中には、後に民主党政権の中枢を占めることになる野田佳彦・枝野幸男・前原誠司、東京都知事となった小池百合子、自民党幹事長にして派閥リーダーにもなる茂木敏充など、多彩な人材が揃っており、結党二ヶ月後の平成四年七月に行われた参議院議員選挙では早くも三六一万票を獲得、四人の当選者を出した。

風に乗る

その翌年、「宮沢喜一の大見得」の主題となった政局の激動が始まる。長期政権を維持してきた自民党は、最大派閥・竹下派の分裂で動揺し、与野党共通の重要課題となっていた「政治改革」で主導権を握れず、宮沢喜一内閣は内閣不信任案を浴びせられ、衆院解散に打って出る。それを受けた七月の総選挙で、日本新党は一気に三五議席を獲得、自民・社会・新生・公明に次ぐ第五党の座を占めた。

政界流動化、分極化の風をつかまえ、新人を結集して一躍台風の目となった細川の手並みは鮮やかといってよいであろうし、シチュエーションが違うとはいえ、祖父の推進した新体制運動を連想させるものがある。依拠すべき先例のない混乱期、激動期には、かえって家柄とか血統といった、伝統的権威によるカリスマ性に新鮮な魅力を感じ、心の安定を求めたりするものなのかもしれない。

祖父はイメージの好さで期待を集め、その風に乗って宰相の座へ駆け上がった。そうなる前に就いたことのある職といえば貴族院議長・副議長だけである。大臣歴はなく、政党とも無縁であった。孫も、参議院議員（参議院は仕組みこそかなり違うとはいえ、貴族院の後身といえる。ちなみに、細川は参議院議員としては自民党田中派所属であった）と県知事を経て日本新党をつくり、政界の惑星となったのであった。

輝ける出発

この細川に目を着けたのが、「政治改革」を押し立てて自民党竹下派を割り、党を飛び出して新生党を立ち上げた小沢一郎であった。非自民連立政権の顔はこの人物をおいて他になしと見込み、内閣首班に担ぎ上げたのである。

西側諸国で改革運動が成功をおさめたのは、「本当の改革論者」と、改革を権力への手がかりとしか考えない「オポチュニスト」が組み合わされた時——アメリカの歴史家ジェームズ・M・バーンズの提起したこの図式が、日本の政治改革にも適合的であると指摘したのは、名著『代議士の誕生』で知られる日本政治研究の権威、コロンビア大学教授ジェラルド・カーティスであった（『日本の政治をどう見るか』）。

この図式に従うなら、「本当の改革論者」の役は、小沢一郎にこそ割り振られるべきである。政界再編と日本政治の構造改革とを同時に達成すべく、政治学の北岡伸一・御厨貴・飯尾潤、経済学の伊藤元重・竹中平蔵という、一級の学者を動員して著書『日本改

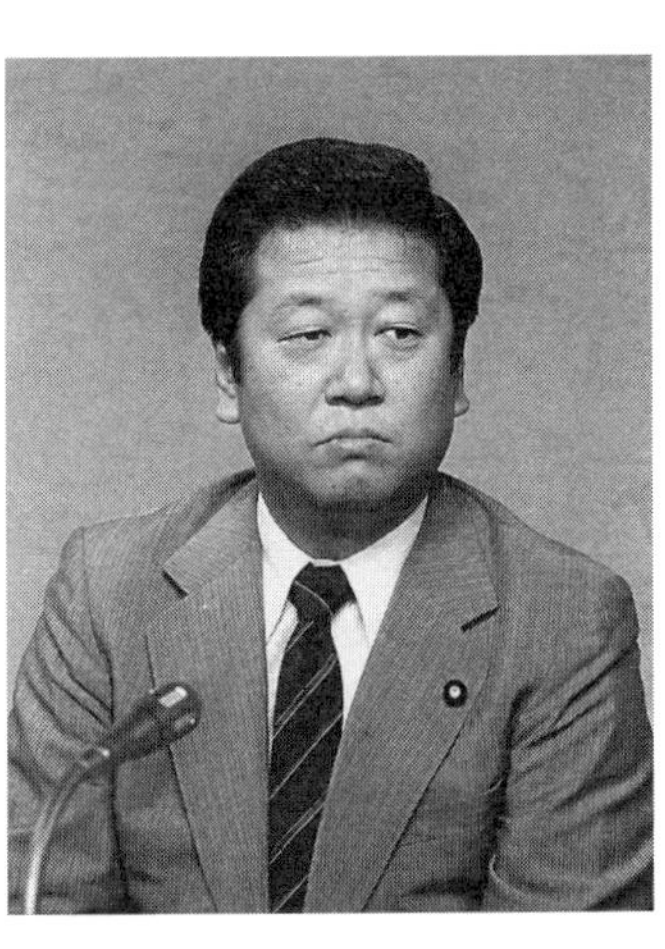

図23　小沢一郎（共同通信社提供）

造計画』作成に協力させ（御厨貴・芹川洋一『日本政治　ひざ打ち問答』）。北岡伸一『自民党』によると、『日本改造計画』は宮沢内閣の打った衆院解散の頃出版されたが、おそらく一年以上の準備を経たものという）、そこに示した構想を実現すべく剛腕をふるったのは、紛れもなく小沢なのである。

一方、「オポチュニスト」——どうも印象のよろしくない用語だが、日本の政治改革においては、政策志向はそれなりにあるが、それ以上に権力志向が強かった一群の人々といった意味になろう——とは、党派を問わず小沢に同調した人々があてはまる。この組み合わせが確かに山を動かした。

ただ、小沢の場合、無条件に「本当の改革論者」とするにはイメージ面に問題がある。事の起こりは、小沢が属していた自民党竹下派の会長である金丸信の、五億円献金疑惑の処理をめぐり、小沢グループと反小沢グループの間に生じた竹下派の内紛だったではないか、「政治改革」などというのはそこを糊塗するための口実だろう、という印象はどうしてもついてまわる。それを払拭するには、「政治改革」に説得力を持たせる、清潔で魅力的なシンボルが必要であった。その点で、細川はうってつけの人材だったのである。

異色の新政権誕生

平成五（一九九三）年八月六日、細川は衆参両院で首班指名を受けた。その時、衆議院議長席にいたのは、これも新たに議長に選ばれたばかりの社会党元委員長・土井たか子。憲政史上初の女性議長である。日本政治が変わったことを象徴的に示すと同時に、小選挙区制に一貫して反対であり、消費税反対などを唱える社会党内市民派議員グループに求心力を持つ土井を取り込み、祭り上げるべく、小沢の打った妙手こそが「土井衆院議長」案であった（『細川政権・二六三日』）。

細川政権の発足は首班指名から三日後の九日である。連立政権のため組閣が手間どったが、これでも昭和二二（一九四七）年に成立した、社会党委員長・片山哲を首班とする三党連立内閣の、首班指名から内閣成立まで八日を要したのと比較すれば、スピーディな方である。顔ぶれも当然とはいえ新鮮であった。連立与党の党首が全て入閣しただけでなく、女性入閣者三人は史上初、非議員の入閣二人は第一次鳩山内閣以来三九年ぶり、平均年齢は六〇歳を割り、七〇歳以上の入閣者は一人だけである。

そのような政権のトップとして、内閣発足当初の細川は清々しいオーラを放ちまくっていた。組閣翌日の平成五年八月一〇日、細川は首相就任後初の記者会見を、首相官邸構内にある内閣記者会見室で行ったが、その光景は従来になかったものであった。

まず、主人公の細川は椅子に座らず、演台の前に立ったままであった。前年の五月、この会見室の演壇が新調され、官房長官は立って記者会見を行うようになったが、当時の首相、つまり細川の前任者・宮沢喜一は、座ったままの従来型スタイルを崩さなかった。立ったまま記者会見を行った初の首相は、宮沢の四代前の中曽根康弘であるが、中曽根の場合は地方での記者会見の話である。官邸でそうしたのは細川が初めてであった。

しかも、自民党政権時代は、会見で誰が質問するかを記者クラブ側で予めある程度決めていたが、細川の初会見では質問したい記者が挙手し、細川がメモ用に持参したボールペンでその記者を指し、質問させる方式がとられた（読売新聞社政治部編『政界再編の幕開け』）。ボールペンを向けられた中には、外国のプレスも含まれていた。

官邸の主としての細川の振る舞いも異色であった。執務室にコーヒーカップとコーヒーメーカーを持ち込み、気が向くと来客に自らコーヒーを淹れてもてなす。九月二〇日に当時のイギリス首相メージャーと会談した際には、会談開始前にやはり自ら紅茶を淹れてメージャーにふるまった。カジュアルソックスにポロシャツという姿で軽井沢から首相官邸に直行し、その服装のまま閣議に出たこともある。後光が差すような明るさ——細川も細川政権も、それに満ちあふれていたのだった。

だが、このようなパフォーマンス面にのみ注目するのは細川に失礼であろう。政権発足当日、八月九日の細川の日記には、深夜、「細川政権として今後やるべき主要課題」についてメモを作成したことが見えている。内閣に首相を長とする「臨時行政改革本部」を設置し、一年以内で「基本的改革案」を立案決定することをメモの中で謳った諸課題の中には、首相権限強化、中央省庁再編成、規制縮小・緩和、権限・財源の地方移管など、細川政権退陣後に実際に着手・実行されていったものも含まれている（細川『内訟録　細川護熙総理大臣日記』）。細川が志も経綸も抱いていた政治家であることは間違いなかった。

ただ、いかに爽やかなイメージを振りまき、高邁な志があろうとも、政治は欲望に満ちた人間の織りなす、生臭い営みである。ましてや、

細川を挟む緊張

細川が身を置いたのは、祖父を取り巻いていた明治憲法下の分権システムとは異質な、それどころか、日本近現代史においては後にも先にもない、ほとんど実験的政権というべき八党派連立内閣である。対立の契機と常に背中合わせである以上、綺麗ごとで済むはずはなかった。

不安要因は最初からあった。小沢一郎と、連立与党の一角、新党さきがけの代表、武村正義との間の微妙な関係である。

新党さきがけは、昭和六一（一九八六）年、中曽根康弘内閣下の総選挙で滋賀県知事から自民党代議士に転じた武村が、宮沢喜一内閣による衆院解散と同時に同志とともに脱党、

図24　武村正義（共同通信社提供）

結成したものである。その母体は、竹下登内閣下の昭和六三年夏、にわかに浮上したリクルート事件に衝撃を受けた武村が立ち上げた、「ユートピア政治研究会」である。リクルート社創業者の江副浩正が、リクルートコスモス社の未公開株式を多くの政治家に譲渡していたという同事件に背中を押され、武村が政治と金の関係について勉強会を組織したものであり（ちなみに、初回はジェラルド・カーティスを招いて話を聴いたという。『聞き書　武村正義回顧録』）、これが新党さきがけの原型となったのである。その後も武村は、竹下内閣末期、自民党内に発足した総裁直属機関である政治改革委員会（会長は自民党のご意見番であった後藤田正晴（ごとうだまさはる））の事務局長に、一年生議員にもかかわらず抜擢され、委員会メンバーとなる国会議員の人選を任されるに至った。

同床異夢　そのような活動を通じて、武村らは選挙制度改革の問題に直面する。中選挙区制が政治改革委員会の検討対象の一つとされていたのであるから当然ともいえるが、武村らの視角は、自民党の金権体質の土壌としての中選挙区制という枠組みであって、小沢が意図していた政界再編、二大政党制などは視野に入っていない。また、小沢が政治改革によって果たそうとしていた、日本を「普通の国」にすること――湾岸戦争の際の国際貢献やPKO法案のような問題が浮上すると、必ず憲法九条との兼ね合いについて議論沸騰し、日本が国際的地位に相応しい集団安全保障上の役割を果たすことの妨げになってしまうような現状を打破すること――にも、武村は懐疑的であった（『聞き書武村正義回顧録』）。

武村は、世界を見渡しても選挙制度は五五点か六〇点のものしかつくり出せていない、結果的に先進国が生み出せたのは小選挙区制と比例代表制だが、両者は長短がはっきりしているから、組み合わせてもすばらしいものにはならないが、とにかく組み合わせて互いの短所を薄めようと考えたという（同）。方法論だけをとれば辛うじて小沢らと協調可能だったとしても、目ざすものは違っていたのである。武村にとっての小沢とは「何か別世界の人というか異質な人、という気持ちがあった。自民党の中では偉い人、ということもあります。〔中略〕経世会（けいせいかい）〔竹下派をさす〕のど真ん中の人というだけで、違和感を持っていましたね。私たちがユートピアで戦ってきたのはあの連中だ、ああいう連中の政官財癒着の政治をなくすのがわれわれの目的だったから、あの連中が飛び出したのは解せない」（同）という存在に過ぎなかった。

そもそも、さきがけは自民党から分離したとはいっても、リーダーの武村や園田博之は清和会（武村が政界入りした当時は安倍晋太郎派、安倍死去後は三塚博派）所属、鳩山由紀夫・三原朝彦が竹下派、井出正一・梁瀬進が河本敏夫派（三木武夫派の後身）、岩屋毅が宏池会（宮沢派）というように、派閥別構成でいえば混成部隊であり、政策集団的な性格が強かった。竹下派を割って飛び出した小沢らのように、自民党に対し近親憎悪的な感情を持つことがなかったし、自民党との関係を決定的に悪くしたわけではないことは、連立与党の中では少数派に過ぎなかった（細川内閣で閣僚ポストは武村が占めただけである）さきがけにとって、存在を主張できる武器となり得た。現に、武村は政治改革法案審議で自民党との調整が難航した場合、自分の出番があると考えていた節があり、それはそのまま小沢が武村を警戒する原因であった。このように、小沢ら新生党と、武村以下新党さきがけとの関係は、連立与党中の同床異夢の最たるものであった。

小沢 vs 武村

武村は滋賀県知事時代、熊本県知事であった細川と面識があった。また、細川が『文藝春秋』に発表した新党設立宣言は、新党さきがけ結成への刺激にもなったし、武村らが脱党した暁には日本新党と合体しよう、という申し入れが細川から熱心になされてもいた。実際、連立政権を生み出した総選挙の際には公約を両党で一本化しているし、総選挙の翌日には細川・武村両者が記者会見に臨み、年内に合併する旨明言している。

その総選挙の結果は、自民党二二三議席に対し、社会・公明・民社・社民連の従来からの野党に小沢ら自民党脱党組が旗揚げした新生党を加えると一八五という勢力比で（対立図式から距離のある共産党と無所属は除いている）、細川の日本新党三五議席、武村の新党さきがけ一三議席という、政界では新参の二政党が期せずしてキャスティング・ヴォートを握る格好になっていたのである。そのような結果もおそらく影響して、細川首相誕生となった。現に小沢は、細川首班というアイデアは選挙結果を見た瞬間に閃いたと回想している（『90年代の証言　小沢一郎　政権奪取論』）。小沢は「細川首班」構想について、武村には「フレッシュな人ほどいいんだ。新しい人がいいんだ」と語ったという（『聞き書　武村正義回顧録』）。

細川・武村両者間に緊密な連携が成り立っていたところに、小沢がある日突然手を突っ込んできた。そのことは、細川・武村間に微妙なものを投げかけたし、細川政権成立後に生じた、小沢・武村間の確執にもつながっていったと思われる。

第一幕　衆議院通過

とにかく政治改革断行の旗の下に諸党派が集結した連立政権である。それを成し遂げなければ政権の存在意義が問われ、延いては竹下派分裂以来の熱狂は何だったのか、ということになってしまう。細川内閣は政治改革関連法案の年内成立を政権公約として掲げていたが、それを実現するためには遅くとも政権発足から三ヶ月、つまり平成五（一九九三）年一一月中旬には衆議院を通過させなければならなかった。細川首相には、一一月一九日にアジア太平洋経済協力閣僚会議出席のための訪米という予定が入っており、その意味でも衆院通過は急がれた。

結果からいえば、九月一七日の閣議で政治改革関連四法案の国会提出を決定、一〇月一三日には衆院本会議に上程され、一一月一六日に衆院特別委員会可決、一八日本会議可決という過程をたどるのだが、そこまでだけでもかなり紆余曲折があった。

同法案の内容はまさに現行の小選挙区・比例代表並立制であり、小選挙区制と比例代表制が直接リンクはしていないが、一人の候補者が小選挙区と比例代表との両方で重複立候補が可能な点で関連付けられているところに特徴を持つ。ただ、小選挙区と比例代表の定数配分の問題などで連立与党と野党・自民党との間の隔たりは小さくなかった。政府原案では衆議院総定数五〇〇、その内訳は小選挙区・比例代表ともに二五〇であったが、自民党は小選挙区への配分の上積みが大勢であった。衆議院での採決前に細川首相と河野洋平自民党総裁（七月三〇日の総裁選で宮沢喜一から引き継いでいた）のトップ会談で決着を、という動きがあり、『内訟録』によれば一一月五日、自民党の麻生太郎から新党さきがけの園田博之にトップ会談について打診があった。

別ルートからは、後藤田正晴が河野総裁にトップ会談開催を働きかけているとの情報が細川にもたらされた。一一月七日には、状況を総合的に勘案した細川が「いずれにしても野党側には最大限の妥協策を示しつつ、最後はトップ会談で決着の他なし」（『内訟録』）と腹を固めた。

眠らない官邸　その1

そのトップ会談は一一月一五日、午後一一時四〇分に始まり、二時間以上に及んだが決裂した。細川によれば、河野は定数配分その他争点となった事項については一つも譲歩せず（細川は小選挙区二七四案を提示した）、また、小沢や、小沢と緊密な連携を組んで政権運営に影響力を発揮していた公明党の市川雄一をさして「国家主義者や原理主義者とは共に天を戴かず」と述べたという。それに対して細川は「河野氏とは政治理念、政治姿勢、政治手法など相通ずるところあるも、自民党守旧派に突き上げられて、苦悩深しの感」を抱いた（同）。就任三ヶ月余の河野総裁の、強固とはいえない立場がうかがえる。

このトップ会談の結果を受けての細川の官邸での記者会見は翌一六日未明、午前三時前から行われている。セッティングに多少時間を要したのは、細川首相が、政権と与党との連絡調整機関である政府与党首脳会議で報告しなければならなかったからであるが、これが深夜の重大な動きの第一幕であった。細川の談話の趣旨は、残念ながら合意に至らなかったが、参院での審議を考えれば時間は残されておらず、われわれとしては粛々と進める以外ないと河野総裁に通告した、自分としてはできる限りの譲歩をした、という、比較的詳細な経過報告である。その後、「採決はできるだけ早い方がいい、私の立場としては」と言い残して公邸へと戻っていった（『細川政権・二六三日』）。細川より一時間前、午前二時から河野自民党総裁の記者会見が行われていたが、その時の河野の苦しそうな表情より、細川の決意表明の方が好印象を与えたことだろう。何より、この時の細川は改革の先頭に立っていたのである。

政治改革関連法案は一六日夕刻の特別委員会で可決、一八日に本会議を通過する。自民党から石破茂（いしばしげる）ら一三人が賛成票を投じ、後藤田正晴・海部俊樹ら六人が欠席した（逆に、与党の一角社会党から六人が反対票を投じた）。しかし、まだ参院が残っていた――。

第二幕　政治改革法案成立す

参議院において政治改革法案は一二月二四日に実質審議入りしたが、年末年始が挟まることや予算審議との兼ね合いもあって日程はタイトを極めた。それに加え、社会党内にはそもそも選挙制度改革自体への慎重論が強かった。政権発足当初、細川は政治改革法案の年内成立を公約としていたが、日程からも与党内事情からも絶望的となっていった。

危ぶまれたとおり、年明けた平成六（一九九四）年一月二一日、参議院本会議で政治改革法案は否決された。法案通過に最も汗をかいていた新生党が、参議院議員をほとんど抱えていないこと、また社会党の内部事情に疎いことからコントロールを及ぼすことができず、社会党から一七名という多数の造反者が出たためであった。この結果を受けての記者会見で細川は、総辞職や解散は考えていないこと、自民党との話し合いで成案を得る展望が広がったと強調した。ただ、この時点では自民党側の態度は硬かった。

ここからのせめぎ合いは息詰まるもので、本会議否決から五日後、一月二六日両院協議会設置、二七日に衆院側与党と参院側自民党がそれぞれ妥協案を提示するも物別れ。両院協議長の市川雄一は協議会を打ち切る。会期末は二九日に迫っていた。与党が、憲法第五九条第二項「衆議院で可決し、参議院でこれと異なった議決をした法律案は、衆議院で出席議員の三分の二以上の多数で再び可決したときは、法律となる」に依拠して強行突破に出られるか、それとも——そこで、局面が動く。

眠らない官邸　その2

二八日未明、与党は再議決にも備えつつ、自民党に細川・河野トップ会談を申し入れた（『内訟録』によれば、細川の意向が強く反映されたという）。

夕方、自民党はこれを受け入れる。七時六分、トップ会談開始。途中で衆院議長公邸に両者が移動し、両院正副議長らをまじえた協議（土井たか子衆院議長から、事実上の先送りに近い調停案が出されていた）に切り替わったりしたが、それからトップ会談再開、終了は二九日零時四三分であった。六分後、細川首相と河野総裁の共同記者会見開始。第一幕より劇的な第二幕であった。

まとまった案はまさに現行選挙制度であるが、全体として自民党案に近づいた内容である。特に、小選挙区定数を自民党の希望どおり三〇〇としたことと、比例代表の選出単位を全国からブロック単位に変えて、さきがけのような小政党が票を集めにくくしたことは重い意味を持った。「野球で言えば9回裏2死からの逆転満塁ホームラン。共に合意を喜び合えり」と、細川は『内訟録』で書いている。どれだけ譲歩しようとも、今国会での成立。細川は、そこへ向けて疾走し、臨時国会の会期尽きんとする時、ゴールにたどり着いたのである。直後の読売新聞（二月二日付）の世論調査で、細川内閣支持率は七二％に達した。

ただ、「9回裏2死からの逆転満塁ホームラン」という綱渡りの勝利は、次の試合――政治改革とは違うレベルの、大事な問題へのしわ寄せを生んでいた。政治改革の問題が収束に向かっていく一方で、一つのサイドストーリーが進行しつつあり、それに結末がつけられる深夜劇場第三幕は、メインストーリーと比べると、あまりにもお粗末であった。

暗転の予感

サイドストーリーとは、次年度、つまり平成六年度の予算編成であった。

この場合に「サイド」と表現しているのは、話題性において政治改革に一歩譲るからで、重要性は同等である。政治改革法案の年内成立が難しくなったことで、本来であれば年内に行うべき予算編成をどうするかが問題となったのである。

もともと連立与党内には、会期延長を行った上で、予算編成を済ませてから政治改革にかかった方が、自民党の抵抗を緩和できるという議論もあったのだが、小沢らの主導で政治改革先行、来年度本予算は越年編成と決まった経緯があった。低迷する景気を浮揚させるための第二次補正予算が平成五（一九九三）年一二月一五日の会期末ぎりぎりに成立し、同日の衆院本会議において、自民党議員欠席のまま連立与党の賛成多数により、政治改革優先を前提とした、翌年一月二九日まで四五日間の会期延長を決定している。

武村官房長官らは通常どおり年内編成とすべきことを主張したが、容れられなかった。小沢は「年内編成を主張した人は、大蔵省の役人に洗脳されていただけなんです。大蔵省の役人は例年通り編成しなければ困ると言うけれど、予算編成なんて決まりきったことをやるだけだから、パッとできるんです」（『90年代の証言　小沢一郎　政権奪取論』）と回想しているが、小沢が越年編成に傾いたのは、後述するように予算編成とからめて消費税率引き上げを議論せざるを得なくなる状況になっており、予算審議を例年どおりのスケジュールで行えば、消費税率引き上げに抵抗の強い社会党の態度を硬化させ、政治改革法案審議に悪影響が及ぶ可能性があったためであった。

当時の日本経済はバブル崩壊後の低迷から抜け出せておらず、その対策として前記の第二次補正予算も組まれたが、その一方で、大平正芳がまず打ち出し、中曽根康弘が果たせず、竹下登に至ってようやく数年前に成功した消費税導入を無駄にしないよう、将来の高齢化社会を見据えた財政健全化も重視すべき、との主張も強かった。

現に政治改革法案衆院通過の翌日、一一月一九日には政府税制調査会が所得税減税と消費税率引き上げを軸とする答申を出している。この日、細川は首相として答申を受け取っているが、日記には「政改法とのからみで、基本的な考え方のみ盛られ」たもので、「減税規模、税率の引き上げ幅、実施時期などは、来年度税制改正で検討することとせり」と記している（『内訟録』）。

存在感増す大蔵省

だが、大蔵省は前のめりになっていた。海千山千揃いの自民党が政権の座を降り、素人っぽくて御しやすそう、加えて国民の支持は高いという連立政権ができた、政府税制調査会答申にそいつつ、増税に重心を置いた税制改正の好機到来――そう考えたのだろう。

答申を受け取ってから約二週間後の一二月五日、細川は公邸で小沢一郎・市川雄一と国会運営方針について確認後、斎藤次郎（さいとうじろう）大蔵事務次官と小村武（こむらたけし）大蔵省官房長もまじえ、増減税問題を協議している。細川と市川は「景気対策としての減税と、高齢化社会に向けての増税を切り離してやるべし」と主張したが、大蔵省側は「ワンセット論を譲らず」という態度であった。小沢は「終始沈黙」であった（『内訟録』）。小沢は、竹下政権時代に税率三％で消費税が導入される際、五％にすべきことを主張したが、自民党税制調査会長で税制通として知られた山中貞則（中曽根派の重鎮）の存在が壁となって断念したという（『90年代の証言　小沢一郎　政権奪取論』）。大蔵省側と相通ずるものはあったのだろう。また、湾岸戦争当時、自民党幹事長であった小沢と、大蔵省官房長の斎藤は、九〇億ドル支援で協力し合ったという関係でもあった。

この協議が行われた日の「深更」、武村官房長官は「減税のみで予算は年内編成すべし」（『内訟録』）と細川に進言している。深夜に、重大発表ではなく、軋轢が静かに噴出した。約一〇日後の一二月一六日、細川がかつて仕えた派閥リーダー田中角栄の訃報が伝わり、細川は、同日夜に弔問のため一〇年ぶりに田中邸を訪れたが、公邸へ帰ると、小沢の訪問を受けた。ことのほか不機嫌だった小沢は、「武村氏が政権内にいること自体が問題であり、自民党に通じている彼がいれば政治改革は不可と断ぜざるを得ず」と言い放ち、「更迭にＹｅｓかＮｏか、心中を悩ませて申し訳ないが、その返事があるまで自分は休ませて貰う」（同）と迫る。俺をとるか、武村をとるか、であった。細川は、連立与党の破綻につながるとして自重を求めたが、小沢は一五分ほどで席を立った。政権の亀裂は修復し難い段階になっていた。

結局、細川は小沢と大蔵省の路線に乗る。減税増税ワンセット論を受け容れたのである。

第三幕の悲喜劇

政治改革法案を成立させた長く熱い臨時国会が平成六（一九九四）年一月二九日に終わると、休む間もなく本予算を通さなければならない通常国会が三一日に召集される。相変わらず政権は多忙であり、その雰囲気は細川の『内訟録』が活写している。召集当日、武村官房長官の高松市での記者会見における「増減税切り離し」発言が大きく報道されたことで、政府与党首脳会議が「喧々諤々」となり、「与党内からも厳重に注意すべしとの電話相次ぐ」。武村の抵抗は続いていた。

しかし、政権自体は、政治改革をとにかく仕遂げたことで発足当初の高揚感を取り戻したように映る。翌二月一日条の冒頭に、細川は各メディアによる世論調査の結果を細かく書いているが、軒並み高支持率で（朝日七四％、毎日七四％、テレビ朝日「ニュースステーション」七七・四％、政治改革決着を評価するのは朝日六六％、毎日七一％、「ニュースステーション」八〇％）、行間からも細川の気分が伝わってくるようだ。

さて二月二日。この日は、細川政権にとって、つい数日前の政治改革法案成立とは逆の意味で、いちばん長い日となった。税制改正をめぐる動きは慌ただしく、「代表者会議」

などが断続的に繰り返され、社会党の村山委員長が「自らの案」を持参してきたのに対し、細川首相が増税を「年金目的税」とする自らの構想を説明するなどという一齣もあった。夕方から最終的な詰めの段階に入ったらしく、細川首相が「閣僚の一任を取り付け、引き続き与党協議を踏まえて政府案として出すことにつき、了解を求」めた。ただ、社会党の佐藤観樹（さとうかんじゅ）自治相から「社会党の立場が極めて厳しき旨」の訴えがあった。

夕方六時半過ぎ、首相執務室で各党代表者が意見を開陳する場が設けられた。そこで、社会党を除き細川首相への一任がなされた。次に、羽田孜副総理と武村官房長官を加えた上で、細川から具体案の提示があり、「社会党のみ党に持ち帰る」という結果であった。小沢一郎は社会党の党内合意形成を「あの党は本当に時間がかかる」（『90年代の証言　小沢一郎　政権奪取論』）と回想しているが、この時の「持ち帰る」は不同意と同義だったのだろう。『内訟録』では、党に持ち帰った結果を社会党側が細川首相に伝えた記述がないし、事実としてもそうだったらしい。社会党としては、当時の書記長・久保亘（くぼわたる）の回想（『連立政権の真実』）どおり、名目はどうあれ消費税アップは呑めないという態度を崩さなかったのだろう。

眠らない官邸　その3

そしてまた深夜の幕があく。零時近くに「拡大政府与党首脳会議」を開催し、細川が修正案を再提示した。減税を増税より二年間先行して実施という原案を三年間先行とすることで、増税を一年間先送りにする内容であり、社会党の村山委員長と久保書記長はやはり難色を示したが、最終的に首相の決断で政府案としての提出を決定した。その後、細川は村山のみを執務室に呼び出して最後の説得を試みるも、村山は、党内がまとまらない、と首を縦にふらなかったというが（『細川政権・二六三日』）、『内訟録』にその事実の記載はない。

それにしても、予算編成だけでも大変なところへ、それと増税を含む税制改正をセットで国会を通す、ほとんど暴挙と紙一重の企図を実現しようとするのに、各与党の同意調達その他すべての段取りが、この二月二日に凝縮しているように見えるのは異常で、拙速というレベルすら越えているように感じられる。政治改革法案を通すのに手間取ったことが直接の理由であるが、もう一つの理由として、二月一〇日にクリントン大統領との首脳会談のための訪米が予定されていたことがあった。アメリカは日米間の貿易不均衡——アメリカの輸入超過是正を求めており、細川政権としては、国民福祉税導入に三年先行させる減税部分にその意味を含ませ（日本の内需拡大、輸入促進）、アメリカ側にアピールする予定であった。そのために、予算案・税制改正ワンセットを早急に走らせる必要に迫られていたのである。

日付の改まった二月三日零時五一分。細川は、内閣記者会との記者会見に臨んだ。通常、そのような場に同席するはずの武村官房長官の姿はなかった。前日夕方六時半からの、首相執務室で行われた各党代表者意見開陳の場にはいた武村は、そこにやって来た五人の各党代表者――小沢一郎・市川雄一・久保亘・米沢隆（よねざわたかし）・園田博之の各々の発言（小沢は一言も発しなかったらしいが）を聞いて、彼らが党内的に議論を詰めた気配が薄いのを訝しく思った。その途中で総理秘書官が何やら紙を持ってきて、話の最中に武村を除く全員に配布してまわった。各党代表者、細川首相もその紙に見入っていたという。武村は、大蔵省から回ってきたものだと察したが、多分それが当たっていただろう（『内訟録』に参考資料として掲載されている武村の回想）。その武村は、記者会見の予定すら知らされていなかったのだ。

この記者会見で、細川は政権失速につながる大失敗をやらかす。会見内容は、①九四年一月から総額六兆円の減税実施、②三年後の九七年四月に消費税を廃止し、それに代わる一般財源として税率七％の国民福祉税創設、③高齢化時代における福祉ビジョンを策定する、④年金生活者への配慮につとめる、といったものであったが、記者から七％という数字の根拠を問われ、すでに政府として『二十一世紀ビジョン』（年頭記者会見で「細川私案」として示したもの。世界にも例を見ない速度で高齢化社会に向かっている日本の現実に鑑み、将来の国民負担は避けて通れず、それを見据えた緊急課題として、規制緩和とともに税制改正を挙げた）を出しているが、その財源をさまざまな観点から考えると七%が妥当だと思う、細かいデータははじいていない、腰だめの数字だ、と答えたのである。

致命的だった「腰だめ」

「腰だめ」——日常生活で使用頻度が高いとはいえないこのことばの意味を、辞書では「狩猟などで、銃床を腰にあてて構え、大ざっぱなねらいで発砲すること。転じて、大づかみな見込みで事をすること」（『広辞苑』第六版）と説明している。

「大づかみな見込みで」事をなす場面は日常いくらもあるとはいえ、事が増税となると話は違ってくる。その場合「大づかみな見込み」とは、だいたいの見当とでも言い換えられるだろうが、悪くいえばどんぶり勘定である。それで記者たちが納得するはずはないし、仮に国会提出したとして、そんな増税をされてはたまったものではない、というのが素直な国民感情だろう。「7パーセントの根拠についての腰だめ発言、手続き論、「国民福祉税」という名称は看板だけ塗り替えたまやかしではないか、などの点につき厳しき質問の集中砲火を浴ぶ」と、細川も苦渋を込めて書かざるを得なかった（『内訟録』）。

この会見は何しろ痛手となった。爽やかさや歯切れのよさは微塵もなく、強張った表情の細川など、誰もが見たくない図であったろう。イメージの好さも手伝って脚光を浴びた人物が、決定的にイメージを悪くしたのは痛手であった。

斎藤次郎は大蔵省のテレビでこの模様を見て「秘書官はちゃんと総理に説明したのか。あれでは駄目だ」と頭を抱え（『細川政権・二六三日』）、小沢は後年「あれは、細川首相の記者会見での発言がいけなかったんです。例の「腰だめ」発言が（笑）」（『90年代の証言　小沢一郎　政権奪取論』）と回想しているが、細川にこのような会見をさせるなら、斎藤や小沢もよきコンビネーションの発揮に努めるべきであろう。時間的余裕に乏しかったのは事実であろうが、本来であれば税率の根拠ぐらい、きちんと進講しておかなければいけなかったし、なおかつ、緻密な想定問答集を用意した上で記者会見に臨むべき事案ではなかったろうか。

そもそも、増税もしくは新税導入は、政権にとって取扱注意事項の最たるものである。戦争でもおこっていた時なら話は別だが、本来は慎重な上にも慎重に検討を重ね、合理性を徹底的に追求した説明を用意しなければ、成功は難しい。

「中曽根康弘の語る「怨みつらみ」」で触れたが、細川政権より十数年前、大平正芳が、高度成長期を過ぎて成熟国家の入り口にさしかかった日本の将来を見据え、大蔵官僚ＯＢとしての豊かな経験と見識を動員し、国民の納得を得ようとした消費税導入すら批判を浴び、政権初の総選挙敗北の原因となった。それとの比較からいって、深夜の記者会見で唐突に持ち出し、根拠は「腰だめ」の細川流が通じる可能性は薄かったのである。

国民福祉税構想は「腰だめ」発言から五日後、二月八日に撤回されている。そこに至るまで何度か開かれた連立与党代表者会議がようやく決着した結果である。九四年一月から一年間の六兆円規模の減税先行実施、その財源と新税については協議会を設置して検討、各党合意を得た上で年内に国会で関係法案成立をはかる、という方針が決まった。

その間の経過はあえて触れる必要もなかろうが、二月四日の閣議において、社会党の佐藤観樹自治大臣から、減税額の半分近くを地方税が占めているにもかかわらず自治省には何の説明もなかった、民社党の大内啓伍（おおうちけいご）厚生大臣からは、国民福祉税といいながら、所管大臣の自分には何の相談もなかった、との不満が各々表明されている（『内訟録』）。事の運びの異例ぶりがよくうかがえる。

ふりかかる難題

国民福祉税構想の失敗以降の細川政権の失速は急激であった。予算審議日程を切迫させる原因であった平成六（一九九四）年二月一〇日の訪米も成功ではなかった。目的は日米間の貿易不均衡是正のための包括経済協議であったのだが、アメリカへの手土産にするはずであった、増税に先行する三年間の減税は実現できず、そもそも政権交代と政治改革偏重のあおりで官僚の動きが鈍ったことから根回しも十分でなく、日米首脳会談としては異例の決裂となった。

この結果について、細川は、日米関係は成熟した関係に入った——とりあえず互いの面子を立てて、玉虫色の決着をはかるレベルを越えた、貿易交渉は決裂しても、それが日米関係に亀裂を入れたりはしない段階に入った、というような含意らしい——と評した。それは、もしかしたらプロずれしていない政治家・細川の新鮮な感覚の表れかもしれなかったし、実際、歓迎する向きもあった。しかし、何も進展が無かった一方でアメリカ側の印象を悪くしたという現実は軽くなかった。

ただ、『内訟録』収録の石原信雄（いしはらのぶお）（当時官房副長官）・小池百合子（同日本新党代議士、総務政務次官）両者の証言によると、細川と当時のクリントン米大統領との首脳会談は貿易不均衡問題だけではなく、北朝鮮有事の際に日本のなし得る協力の範囲が、実は重要なテーマであったという。それと「決裂」との関係はよくわからないが、なお後考をまたなければならない問題であろう。

武村を外せ

その次に浮上した難題が内閣改造である。これは単に政権運営上の問題にとどまらず、将来の二大政党制への準備——与党の一体性を強化して統一会派をつくり、それを自民党と対峙する一大新党にまで固めていこうとする小沢一郎の遠大な構想の第一歩であった。

では、なぜまず内閣改造なのか。それは、小沢構想の障害となり得る武村正義官房長官を外さなければならないからであった。付け加えるならば、同様に小沢構想に抵抗する可能性の高い社会党とさきがけに、先制攻撃をかける意味もあった。

内閣改造が『内訟録』に初めて登場するのは二月一四日のことで、同日、『産経新聞』が内閣改造を一面トップで報じた事実を、細川が記しているのがそれにあたる。これ以後盛んに報じられるようになり、社会党方面からは反対論が細川に伝えられるようになった。

それで半ば既成事実化したことでかえって力を得たか、細川は一五日に「午後、武村官房長官と小一時間」改造について話した。武村は、「小沢グループとさきがけグループ双方に足をかけているという構図」こそ「細川政権の最も望ましい姿」で、小沢に傾斜すれば「二重権力構造と言われ、得策ならず」と抵抗し、それに対し細川は、政権成立後半年、政治改革その他第一期の仕事に区切りの付いた今は人心一新の好機で、小沢対武村という権力闘争の話ではない、官房長官の挙動が官邸と与党との軋轢を生み、首相と官房長官の間に隙間風が吹いている現状を懸念する、官房長官から外れても主要閣僚としては残ってもらうつもりだ、と説得を試みた。

ただ、結果的には溝の深さを再確認しただけのようであった。武村は小沢の政治手法に対する反発を捨てられず、細川の「この緊急事態下にありては、とりあえず好き嫌いの感情や政治手法に対する違和感、政治体質などぜいたくな議論、神学論争は差し当たり脇に置くべし」という論理は通じなかった。細川・武村両者は二三日に、今度は改造の先にあるもの——統一会派問題について話し合ったが、来年の参院選など八党派がまとまらないと戦えないではないか、という細川の説得は、武村の、細川が折にふれて唱えた「穏健な多党制」との矛盾を衝く議論を崩せなかった。結局、三月二日、改造は断念された（以上『内訟録』による）。狙いの明確な改造構想が見送られたことは、政権及び与党内に亀裂を入れただけであった。

「夜騒ぐ男」への転落

三月には、今度は細川首相自身に政治資金面での疑惑が浮上する。詳細は省略するが、細川が昭和五七（一九八二）年に佐川急便から借りた一億円が実際には返済されておらず、政治資金としてつかわれたのではないかという疑惑、及び同六一（一九八六）年に細川の義父が株式売買で挙げていた利益は、購入資金の出所が細川のマンションを担保としたもので、実質的には細川本人の得たものではないか、という疑惑であった。野党・自民党の追及は急で、審議拒否戦術まで繰り出した。

細川政権は発足から政治改革法案通過までは文字どおり疾走してきた。しかし、例の「腰だめ」会見から速度が鈍りだし、結果、次々と被弾し始めた印象を受ける。そしてついに、「夜騒ぐ男」に落ちてしまう日、いや夜がやってくる。三月五日、場所は永田町の某飲食店。細川は、下村泰・西川きよし両参議院議員と会食していた。下村・西川両人は参院予算委員、そしてともに議員当選前は人気漫才師である。そういう相手に、日頃のストレスをつい口にしたくなったのだろう。下村の、一億円疑惑をかけられていることに同情する言葉に対し、「私だって辞めたいですよ」ともらしたという。

会食を終え、店から出て来た下村・西川を報道陣が囲む。通常、首相の夜の日程は共同・時事両通信社が代表取材するのだが、政権が追い詰められている状況を受けて、報道各社間の申し合わせでオープンな取材体制がとられており、飲食店の玄関先にＴＶカメラや報道陣がひしめいていた。取材に対し、下村は細川の「辞めたい」発言を暴露した。時が時だけに、これが辞意をもらした、というニュースとなって瞬く間に広がってしまう。これを受けて、村山富市が冒頭に掲げた台詞を吐いたのだった。

状況とあまりにも符合しすぎた、絶好のタイミングでの発言は恐い。会食の際、ふともらした吐息のような一言であろうとも、破壊力は圧倒的だった。細川も、翌日から我に返ったかの如く火消しに動いたが、流れが止まらなかった。細川が、与党首脳会議と閣議で辞任表明をしたのは四月八日のことであった。

議会政治のもとで、政権は国民からの支持をエネルギーとして走り続ける。やりたい政策を掲げて選挙を勝ち、高い支持率に後押しされることでエネルギーを得るのである。

政権エネルギーの尽きる時

連立与党は政治改革を掲げて支持を獲得し、細川という新鮮なリーダーを据えて疾走を始めた。その時点で蓄積していたエネルギーは莫大なものがあったはずである。しかし、一日あたりの消費量もまた半端ではなかっただろう。そもそも、歴史上例を見ない、八党派連立政権のメンテナンスに日々注意を払わなければならなかった。小沢一郎と武村正義の対立は、細川に常に緊張を強いたはずである。

加えて、最優先課題であった政治改革――選挙制度の抜本的改正は、政治家にとって自らの選出基盤を脅かされる可能性のある、最も微妙で重い問題であり、しかも、ついこの間まで政権党であった自民党という、強力な野党を相手にしなければならなかった。

その状況の中で細川内閣は悪戦苦闘する。一日二四時間をフルにつかい、首相の細川の、さながら夜の仕事師というべき活躍ぶりに象徴されるかのように、やっと政治改革を成し遂げた時、エネルギー残量は僅かであった。一日あたりの消費量が大きすぎ、その分、政権寿命が短くなったのである。増税という、国民にとって、政治改革などよりもずっと生活に直結する問題に取り組む余力はもうなかった。時にはコンマ以下の数字をめぐり争うこともある税率の根拠を、「腰だめ」という貧しい表現でしか説明できないほど、政権は時間的にも精神的にも消耗し尽くし、追い詰められていた。

「殿様」の遺産

小沢一郎は、細川政権について「2〜3年、続いていたら自民党はつぶれたでしょう。自民党がいったんつぶれて、また別の保守政党が出てくれば、それはそれでいいことだ。細川さんはなぜ、あんなにあっさりと首相を辞めたのかなあ。やっぱり殿様の考えることは、なかなかわからない（笑）。本当にもったいないことをしたと思う」（『90年代の証言　小沢一郎　政権奪取論』）と回想している。仮にこれを細川が読んだとしたら、冗談ではない、私の身にもなってくれ、というかもしれない。

祖父・近衛文麿は「新体制」――一国一党体制を目指したものの、「近衛幕府」をつくる気か、という批判にたじろぎ、反既成勢力の糾合も思うに任せず、せっかくつくった大政翼賛会は官製の公事結社に終わるという、無残な結末になった。

それと比較すると、孫の細川は、かなり自民党に譲歩したとはいえ政治改革をやりとげ、その後の政治構造を確実に変えた。二大政党制こそ未完に終わり、自民党一強体制がより堅固になった感があるが、公認候補が一党あたり一人だけの小選挙区制は、その自民党に特に大きな変化をもたらした。国民に対して強い魅力を発信できる、選挙に勝てる総裁が求められたことから、主要閣僚や、幹事長その他党の要職を経験することで実績を挙げ、派閥を率いて総裁選に出馬という、従来型の党内の立身の階梯が崩れた。また、公認権を握る総裁の権力が圧倒的に高まった一方、派閥を弱体化させた。

その強い総裁は、細川内閣退陣後に断行された内閣法改正（首相が重要政策の基本方針をトップダウンで閣議にはかることができるようにした）、省庁再編（首相を支える機構たる内閣府が設置されて官邸が強化されるとともに、省の数が一〇にまで統合〈その後、防衛庁が防衛省に昇格したため一一〉され、縦割り行政の弊害が緩和された）の後押しで、強い首相となって国民の前に立ち現れた。

こうした流れの出発点は、まぎれもなく細川内閣であった。そのような重要な役割を担ったからこそ莫大な負荷がかかり、八ヶ月で退かざるを得なかった。しかし、深夜にまで及ぶこともしばしばあった、実質的な稼働時間の総和は長く、費やされたエネルギー量も多いという、特異な短期政権だったといえるのではなかろうか。

細川政権余聞　細川が政権担当時代に書いていた日記が、退陣から一六年後の平成二二（二〇一〇）年、『内訟録　細川護熙総理大臣日記』（日本経済新聞出版社）と題して刊行された。戦後の首相経験者が、まさに首相であった時期の日記を残した例としては、他に『佐藤栄作日記』（朝日新聞社）が知られるのみである（鳩山一郎も首相時代の日記が『鳩山一郎・薫日記』として刊行されているが、当該期の記述者はほとんど薫夫人で、鳩山自身の手になる部分は少ない)。

自民党政権が盤石であった時期をカバーする『佐藤栄作日記』に対し、細川のそれは、自民党が三八年にわたる長期政権をいったん降りた激動期を知るための一級史料として、今後読まれ、分析されていくだろう。筆者も本稿執筆にあたり利用したが、日記の中の細川は、リアルタイムでの印象より精力的で指導力豊かな首相に感ぜられ、興味深かった。

ところで、この細川日記は、構成にあたった伊集院敦(いじゅういんあつし)(日本経済新聞編集委員)が書いた「あとがき」によると、「文章の大半は神奈川県湯河原(ゆがわら)町にある細川邸のパソコンに入力」されていたもので、「外交や現在の政治に与える影響に配慮し、細川氏が公開を見合わせる判断をした一部を除き、ほとんどを原文のまま掲載」し、また「もとの資料の価値を重視する観点から、修正は明らかな事実誤認があった点など最小限にとどめた」という。

史料編纂者としては当然の、また良心的な方針であることは間違いないが、ただ歴史を研究する立場からすると、「明らかな事実誤認」も、まれには記述者の認識パターンや、その時点での情報把握の程度などを考察する上で意味を持つ場合があるし、事実誤認を修正することにより、原文の微妙なニュアンスが変わってしまう可能性も零ではない。その点ではわずかながら危惧を感じた。

　また、原文がパソコンの文書ファイルとして残された日記なので、従来知られている政治家の日記史料との比較でいうと、文章ができあがっていく過程に興味をひかれる。仮に、精密なメモをファイルとして残し、一定程度時間が経過してから、そのファイルのメモをきっちりとした文章に組み直してファイル更新という方法をとっていたりすると、そのプロセスもまた日記を分析する際の必須の情報ということになるかもしれない。ユーティリティソフトのようなものを利用し、ファイルの更新履歴を解析するといった作業が、デジタル時代の史料批判として重要になる可能性があるか――。ふと、そんなことを考えた。こうした面でも、細川護煕という政治家は新時代を開いたのであろうか。

橋本龍太郎の自虐

なあ、この人はカッコいいけれども、俺と同じような、ちょっと見てくれは勇ましいけれども、冷たい感じを与えるんだよな。いまの防衛庁長官は勇ましいというよりは、心の温(ぬく)もりが伝わる人がいいんだよなあ。

（野中広務『老兵は死なず―野中広務　全回顧録―』）

らしくないシリーズ第二弾である。「宮沢喜一(みやざわきいち)の大見得」の宮沢喜一は、らしくない蛮勇をふるい、テレビという開かれた場で、自らは大した思い入れのなかった政治改革の即行を明言し、結果墓穴を掘ってしまった。今回取り上げる発言の主・橋本龍太郎(はしもとりゅうたろう)の場合は、思い入れの深い政策を実行するために、自分の政権の閣僚名簿を仕上げる閉じられた場で、およそ似合わない自虐的台詞を吐いたのである。

組閣前夜　翌日に首班指名を受ける予定の政治家が前夜、閣僚名簿をつくる時の心理状態とはどのようなものか。政治家ならぬ身には所詮理解できるはずもないが、想像するに、面倒で難しいが時間さえかければ確実に解け、御褒美の約束されたパズルを解くような感じか。

ところが、その楽しみを睡眠時間確保のために放棄してしまった人物がいる。平成八（一九九六）年一月一〇日の自民党総裁・橋本龍太郎である。

図25　橋本龍太郎（内閣広報室提供）

その夜、橋本から呼ばれて自民党本部四階の総裁室に入った幹事長・加藤紘一（かとうこういち）と同代理・野中広務（のなかひろむ）は、橋本の要請に唖然とする。明日衆参両院から首班指名を受けて宮中での任命式に臨み、帰ってすぐ組閣作業、各大臣の呼び込み、再び宮中で閣僚認証式、そこから帰って記者会見、という目の回るようなスケジュールを考えると、とても睡眠時間をとれそうもない、だからこれから帰って寝たいので、閣僚名簿の作成はお二人に任せる、というのである。それでかまわないのか、と念を押すと、橋本は、かまわない、明日の朝名簿をちょっと見せてくれ、と言って本当に帰ってしまった。

それから加藤・野中が幹事長室にこもり、苦吟すること六時間にわたり練り上げた閣僚名簿に、翌朝、橋本は見入った。大蔵大臣・久保亘、外務大臣・池田行彦（いけだゆきひこ）、文部大臣・奥田幹生（おくだみきお）、厚生大臣・菅直人（かんなおと）……。橋本の視線は防衛庁長官のところで止まる。そこには「中川秀直（なかがわひでなお）」と書いてあったのだ。次いで発したのが冒頭の台詞である。閣僚名簿中、唯一異を唱えたのがこの人選だった。そこで、らしくない自虐発動となったのである。

どうして、らしくないのか

ここに掲げた橋本発言を読んで印象的だったのは、「俺と同じような、ちょっと見てくれは勇ましいけれども、冷たい感じを与えるんだよな」という部分と、橋本のイメージとの乖離であった。自分の負の部分をあえて口にする人物とは思っていなかったのである。頭脳の切れに満々たる自信を持ち、自分の思考についてこれない相手には恐ろしく酷薄な態度をとるような、自省にはおよそ縁遠い人格に見えていたのである。

橋本がその知名度と存在感を高めたのは、短命に終わった宇野宗佑内閣（平成元年六〜八月）における幹事長時代であった。保守合同と同時に自民党本部総務局勤務となり、定年までの四四年間を勤め上げた奥島貞雄（おくしまさだお）（平成四年には事務局次長兼総裁・幹事長室部長となっている）は、橋本新幹事長を迎えた際のメモに「頭は切れる。人情味でどうか……」と書いたと回顧しており、また「気が強く、一匹狼風だった」との感想も吐露している（奥島『自民党幹事長室の30年』）。これらは、筆者の橋本像と全く重なっている。もっとも、農産物輸入自由化・リクルート事件処理・消費税導入という逆風（「三点セット」などと呼ばれた）による、七月の東京都議選・参院選の連敗が新幹事長を鍛えたためか、それ以後は党事務局を含んだ他人への接し方が随分ソフトになった事実にも、奥島は目配りしているが、そうした事情を知らない筆者の橋本像は、変化することがなかった。

このような経緯を考えれば、組閣前夜の自虐は、奥島が見た幹事長時代から七つ歳をとった橋本の、人間的な成長・円熟の表れとも考えられるが、それだけではなく、実はもっと政治的で、深い要因があったらしい。

自虐の理由

橋本が、らしくない自虐まで繰り出し、防衛庁長官の人選に異を唱えた事情については、前掲『老兵は死なず―野中広務　全回顧録―』も簡潔に触れているが、さらに八年後に出された野中のオーラルヒストリー（御厨貴・牧原出編『聞き書　野中広務回顧録』）がより明確にしている。それによると、徹夜で作成された閣僚名簿を見終わった後、橋本は「おう、なかなか考えてくれているな」と、野中・加藤を労ったが、それに続けて「しかし、いまの沖縄問題には、顔ぶれに、ちょっと俺、こだわるんだよな」と口にし、次いで「やっぱり沖縄は心なんだよな。彼は俺と同じで、かっこよく見えるけど、人から見たら冷たい人間に見えるんだよ」と、中川秀直の防衛庁長官起用に難色を示したという。この時、橋本が念頭に置いていたのは沖縄だったのだ。前内閣で首相補佐を務めた中川の力量や人格を何ら問題にはしていないし、むしろ認めていただろう。現に、科学技術庁長官にポストをかえて入閣はさせている。あくまで雰囲気、印象を理由にしたのである。

中川の代わりに防衛庁長官に据えたのは臼井日出男。当時五六歳で当選六回、所属派閥は代替わり過程に入りつつあった河本敏夫派。それまで入閣歴はなく、国会の文教委員会、科学技術委員会の委員長を務めたことはあるが、防衛・安全保障といった領域からは遠かった人物である。

後述するように、橋本は沖縄の問題を自分のリーダーシップで解決する強い意志を持っていた。その時、中川のような、特に親しい関係にあるわけではなく〈中川は清和会〈福田赳夫派から安倍晋太郎派を経て、当時は三塚博派〉所属〉、自分と似たタイプの防衛庁長官だと、望ましい化学反応が起こらず、かえって不協和音をおこしかねないと考えたのではなかろうか。らしくない自虐にはそうした意味を込めていたと思われる。

橋本と沖縄

橋本がなぜ防衛庁長官の人選にこだわるほど、沖縄に深い関心を寄せたか。それまでの彼の歩みが、沖縄と特に深い関係にあったわけではない。しかし、首相辞任から数年後、五百旗頭真（神戸大学名誉教授）の「政権に就かれた当初の記者会見で、沖縄・安保を最重要課題だと考えると仰いました。これは村山政権時代からの状況、舞台をご覧になっていて、政権の主要問題だとお考えになったわけですか」という質問に対し、もともと沖縄には関心を持っていたと答えている（五百旗頭真・宮城大蔵編『橋本龍太郎　外交回顧録』）。

「厚生族」としての歩み

通常、橋本龍太郎といえば、何といっても厚生省（現・厚生労働省）との関係が連想される（以下、組閣までの橋本のキャリアは仮野忠男・長田達治『橋本龍太郎・全人像』による）。父・龍伍は大蔵官僚から吉田茂率いる自由党に入り、昭和二四（一九四九）年の総選挙で初当選、以後六回の当選を重ね、「吉田十三人衆」と呼ばれた側近群の一員として活躍したが、小学生の時に腰椎カリエスを患い、手術を受けた影響で、杖を手放せない身であった。学業もそのために回り道を余儀なくされ、一高にトップで入学した時は二三歳、東京帝国大学法学部を卒業して大蔵省入りしたのは二九歳であった。父の左足の不自由さに無礼な言葉を投げつけた男と喧嘩したことがあるという長男・龍太郎の、政治家としての原体験が父の姿であったのは間違いない。社会的弱者への眼差しである。

その龍伍が甲状腺腫により五七歳の若さで亡くなると、龍太郎は昭和三八（一九六三）年一一月の総選挙で、父の地盤（岡山二区）を引き継いで当選し、二六歳で議席を得た。参院から鞍替えした社会党の江田三郎がトップ当選、橋本は二位であった。初当選同期で年齢も一緒だったのが、橋本から政権を引き継ぐことになる小渕恵三なのは有名な話だ。この出発の時点で、政治家・橋本の骨格ともいうべきものがほぼ形成されている。

まず、父の議席と地盤を守るべく出馬を決意すると、慶応大学を卒業後入社した呉羽紡績をやめ、当時の厚相・西村英一の秘書となった。そこから初当選まで半年という短期間における橋本の、厚生行政の勉強ぶりは人目をひいたという。初当選をめざす選挙戦での演説でも、福祉国家の建設を訴えた。

当選後、所属した常任委員会も社会労働委員会であったし、そもそも父・龍伍の閣僚歴が厚相二回と文相一回というものであった。橋本のそうした歩みの集大成が、昭和五三（一九七八）年一二月成立の第一次大平正芳内閣の厚生大臣就任である。当時四一歳の橋本は昭和二桁生まれ初の大臣であり、また、父親と同じポストについた大臣としては、この時点で二例目である。過去には桜内義雄農林大臣（第二次田中内閣。父の幸雄は平沼騏一郎内閣で農相）の例があるだけであった。この八年前には厚生政務次官も務めており、厚生省との関係は確固たるものになっていた。

こうした歩みが可能になったのは、橋本の人生の節目節目で後押しをした、ある人物の力も大きかった。佐藤栄作である。実は、沖縄についても例外ではなかったらしい。

師・佐藤栄作

佐藤との結びつきは父・龍伍以来のものである。龍伍が昭和二二（一九四七）年に大蔵省を退職して自由党に入り、初めて就いたポストが官房次長（現・官房副長官）であったが、その時の官房長官、つまり直属の上司が、まだ議席もない身で吉田茂に抜擢された佐藤栄作であった。龍伍は佐藤と同様、昭和二四年一月の総選挙（第二次吉田内閣発足直後に行われ、与党・自由党が大勝して吉田が権力基盤を固めた）で初めて議席を得、保守合同で自民党が結成されると、佐藤派の重鎮となった。

龍伍没後、龍太郎が自身の立候補に向け政治を実地に学ぶべく議員秘書となったのは、佐藤栄作の指示で佐藤派の西村英一厚相についたということであったし、いざ選挙戦となればその西村はもとより、保利茂（ほりしげる）・松野頼三（まつのらいぞう）ら佐藤派の有力者が応援演説にかけつけ、橋本の演説指南役は、五年前に初当選したばかりの佐藤派の若手、竹下登であった。これで議席を得れば、佐藤派以外に選択肢などあり得まい。付け加えると、初当選の三年後、橋本が結婚した際の媒酌人も佐藤夫妻であった。

やがて九年後の昭和四七年、七年八ヶ月の長きにわたった佐藤政権時代が終わり、総理総裁の座は、総裁選で福田赳夫を破った田中角栄に代わった。佐藤派も保利茂らが福田派に流れたとはいえ、ほぼ田中派に代替わりし、橋本もその一員となった。小渕恵三は、田中と福田の間で総裁選前の暗闘が繰り広げられていた時期、同期生の橋本ともども佐藤から首相官邸に呼びつけられ、田中支持をやめるよう勧告されたという（後藤謙次『小渕恵三・全人像』）。だが、小渕が態度を変えることはなかったし、橋本も、小渕と一緒にであったかは定かでないが、佐藤から福田支持を強請された際、佐藤派から田中という候補者が名乗りを上げた以上、他派の候補者を推せない、と拒絶した（前掲『橋本龍太郎・全人像』）。

ただ、橋本が、新しい派閥リーダー田中に、佐藤に対するほど強い帰属意識を持っていた形跡は無いし、田中の方も特段、橋本を可愛がった、あるいは将来に期待した風ではなかった。我が師は佐藤栄作。橋本の中で、それは揺るがなかった。首相になるや、執務室に佐藤の肖像を飾ったという。同時に、首相就任時から沖縄関係の文献を読み漁った。そこに、「佐藤による沖縄返還が残した最大の課題である基地問題を、自分の手で動かす。それが橋本の熱意の源泉であったように思われる」（宮城大蔵「「普天間返還合意」とは、結局何だったのか②」〈https://okiron.net/archives/600〉）という推測を下すことは可能だと思う。少なくとも、佐藤の偉業を全きものにしたいという熱意が、橋本に無かったと断定することは困難であろう。

沖縄に対する橋本の秘めたる熱意は、かつて佐藤派に属した自民党政治家としてのDNAレベルの話であるが、そこへある事件が波紋をおこす。橋本の組閣前年、平成七（一九九五）年の九月四日、沖縄本島北部で発生した、アメリカ海兵隊員ら三人による少女暴行事件である。沖縄県警は三人の身元を割り出し、基地に逃げ込んだ彼らの引き渡しを求めたが、米軍は応じなかった。日米地位協定の壁である。米軍の軍人とその家族が犯罪に関与した時、日本側が容疑事実を固めて起訴するまで、身柄を米軍当局が拘束することになっている。この時も、容疑者三人の取調べは県警捜査官が基地内に出向いて行った。

事件の重さ

この展開が、鬱積した県民感情に火をつけた。平成七年九月四日に起きた事件単体では済まなくなり、米軍統治時代から繰り返されてきた類似事件の歴史的記憶を改めてよびさましたのである。ちょうど四〇年前の昭和三〇（一九五五）年九月には、石川市（現・うるま市）で六歳の幼稚園児が米軍人に性的暴行を受けた末に惨殺される事件が起き、軍法会議で言い渡された死刑が重労働四五年に減刑、さらに本国送還で沙汰止みの展開となったことが、翌年の「島ぐるみ闘争」――アメリカによる強権的な土地接収に対する抵抗運動の一因となったともいわれる。それから四年後に同じ石川市で起こった、アメリカ軍ジェット戦闘機の墜落事件（民家と小学校を直撃し、小学生一一人を含む一七人が死亡、負傷者二〇〇人以上を出した）もまた重い。そこにベトナム戦争の激化という条件が加わり、アメリカ軍の拠点となった沖縄の負担はさらに増大していった。

こうした歴史の延長線上に平成七年九月四日の事件は発生した。そして、後の展開は四〇年前の事件と同じコースをたどる。翌一〇月に八万五〇〇〇人ともいわれる参加者を集めた、事件に抗議する「県民総決起大会」が宜野湾市で開催された。そこに示された県民感情に対し、アメリカ側は謝罪の意を示したが、日本政府――当時は自民・社会・さきがけ三派連立の村山富市内閣――は、事件が日米関係に与える悪影響を軽微にとどめるという方向に軸足を置いた。それが、沖縄県にある行動をとらせる、一つの要因となった。

「代理署名拒否」という選択

米軍基地との関係において、沖縄県知事は、同じように基地を抱える他府県の知事とは違う歴史と立場を負っている。

日米安保体制下でアメリカが日本の防衛義務を担う一方、日本は基地提供の義務を果たさなければならない。そのために昭和二七（一九五二）年に制定されたのが駐留軍用地特措法である（施行は二八年四月から）。その第三条に「駐留軍の用に供するため土地等を必要とする場合において、その土地等を駐留軍の用に供することが適正且つ合理的であるときは、この法律の定めるところにより、これを使用し、又は収用することができる」と定めるとおり、日本国内の土地ならどこでも必要に応じて有償で収用し、在日米軍の利用に供することができた。ただ、本土にある米軍基地は、元は旧軍基地であった場所を米軍が接収した国有地であったため、駐留軍用地特措法が発動されることはなく、いわゆる「砂川闘争（すながわとうそう）」の原因となった立川飛行場の拡張計画が唯一の適用例であった。

ところが、沖縄の場合、サンフランシスコ講和条約第三条に基づき「合衆国を唯一の施政権者とする信託統治制度」の対象となり、講和以前と同様、事実上米軍の統治下に置かれたため、日本国憲法はもとより駐留軍用地特措法も適用されず、米軍が多くの民有地を接収しての大規模な基地拡張が実行される。その背景には、周辺地域との紛争を抱えていた本土の基地の駐留部隊（海兵隊など）を沖縄に移駐させなければならないという事情が横たわっていたが、接収の過程では「銃剣とブルドーザー」といわれる、強引な手段が用いられた。加えて、米軍が、収用した土地について所有者に支払う軍用地料について、経費節減のために低額一括支払い方式をとったことが、反発を増幅させた。

昭和四七（一九七二）年、ようやく沖縄が本土復帰すると、民有地の比重が高い沖縄米軍基地の軍用地維持が問題となった。日本政府は軍用地への提供を拒む地主の抵抗に悩み、借り上げ契約を拒否する地主について駐留軍用地特措法の適用を決断する。これにより、同法を根拠に軍用地としての継続使用を実施する場合、地主に代わって知事が契約書に署名することで、軍用地としての強制使用が可能となった。これが代理署名である。

ところが、平成七（一九九五）年九月四日の事件から三週間あまり経過した同月二八日、大田昌秀知事は、県議会において、この代理署名を拒否する意志を表明した。翌年から翌々年にかけて、契約を拒否する地主のみならず、契約地主も多くが契約更新を迎えようかというタイミングにおいてであった。代理署名を拒否すれば、米軍基地は借り上げ契約なしで土地を不法占拠する状態になる。ただし、大田がこの挙に出たことと、九月四日の事件とは全く無関係であるとはもちろんいえないが、さりとて唯一の、あるいは主要な原因ともいえなかったらしい。

「平和の配当」

琉球大学教授であった大田が知事に当選したのは、平成二（一九九〇）年のことである。社会党・共産党などの支持を受けた革新統一候補としてであった。

前年の一一月には、東欧諸国の共産党政権の連鎖反応的倒壊の駄目を押すようにベルリンの壁が崩壊し、翌一二月にはアメリカ大統領ブッシュと、ソ連共産党書記長ゴルバチョフとのマルタ会談によって、四〇年以上にわたった冷戦は終結している。沖縄戦を「鉄血勤皇隊」（太平洋戦末期に沖縄で召集された少年兵部隊）の一員として経験し、戦後は本来の専攻であるメディア社会学研究（アメリカで研究生活を送った経験も持つ）のかたわら沖縄史研究も手掛けたという大田が、そのような時期に知事となれば、冷戦終結が沖縄の基地問題解決の曙光となるのでは、という思いを抱いても不思議ではなかった。

現に、アメリカのブッシュ政権は海外に展開する駐留米軍の削減に乗り出し、アジア太平洋でも一九九〇年の一三万五〇〇〇人が九四年には一〇万人になっていた。将来的には九万人が予定されていたのである。

「平和の配当」。冷戦の終わりを象徴する言葉として、この頃よく使われた言葉である。冷戦が無くなれば軍事費削減が可能となり、その分を他の分野にまわせる――そんな展望が語られたのである。

元・上智大学教授の小此木潔（おこのぎきよし）は、朝日新聞のニューヨーク支局員であった冷戦終了時、一九七三年にノーベル経済学賞を受賞したワシリー・レオンチェフ（ハーバード大学、ニューヨーク大学で教授を務めた）を取材したが、その際にレオンチェフは「冷戦が終わったのだから、軍備に充ててきた支出を減らせる。その分を教育や研究開発に振り向ければ、経済再生につながる。それが平和の配当だ」（小此木「「平和の配当」論に思

図26　大田昌秀（共同通信社提供）

う　冷戦終結　米経済学者たちの伝言」〈https://www.jnpc.or.jp/journal/interviews/34899〉）と語ったという。冷戦の時代、西側の中心としてソ連を盟主とする東側陣営と対抗してきたアメリカとしては、当然の反応であり、前述の海外駐留米軍削減もまさに「平和の配当」ということにはなる。

ただし、実際には九万という数値目標は議会向けに先手を打って示したもので、減らせるのはここまで、という線引きの意味合いであったというが、アジア諸国の間には、アメリカは兵力を撤退させていくという観測を広げることになる。それが大田には、沖縄の基地も「平和の配当」の恩恵にあずかり、整理・縮小の道が開けるのでは、という希望に受けとれたのである。

「ナイ・レポート」

ところが、ブッシュの次のビル・クリントン政権の国防長官ウィリアム・ペリーと次官補ジョセフ・ナイは、朝鮮半島とペルシャ湾岸という、二つの重大な地域紛争に対処可能な海外兵力をアメリカが維持する必要を認識しており、それが一九九五年春にアメリカ政府が公表した『東アジア戦略報告』、通称「ナイ・レポート」に結実する。そこには、アジア太平洋におけるアメリカ軍一〇万人体制維持が示されていた。それは軍事的観点はもとより、駐留米軍削減へのアジア諸国の不安を軽減する意味も持っていた。

しかし、大田にとって、これは「平和の配当」の減額であり、沖縄基地の整理・縮小への展望に影がさしたことになった。ここで「平和の配当」を求める強い意志を示さなければ——大田はそう考えたのである。大田の代理署名拒否の意志表明は、その具体的な表現であったが、国としては到底黙視するわけにはいかず、意志表明から二ヶ月余経った平成七（一九九五）年一二月七日、大田を被告とする訴訟を福岡高裁那覇支部に提起した。

橋本龍太郎が、自民・社会（橋本政権成立直後に社民党に改称）・さきがけ三党連立という枠組みはそのままに、村山富市から政権を引き継いだのは、年明けた平成八年一月一一日のことであった。

「普天間返還」の衝撃

その組閣から三ヶ月後の平成八（一九九六）年四月一二日、『日本経済新聞』のスクープというかたちで、沖縄の普天間基地（宜野湾市の米海兵隊普天間飛行場。人口密集地域に位置しており、従来から返還が熱望されていた）の返還について日米両国政府が合意に達したとの情報がかけめぐった。これを受けて同日夜、橋本首相と駐日アメリカ大使モンデールは記者会見を開き、普天間基地が五年から七年以内に日本へ全面返還される点で日米に合意が成立した旨発表した。それと併せて、既存の沖縄の米軍基地内の「ヘリポート」新設、嘉手納（かでな）基地の追加施設整備による普天間の基地機能の一部移転、普天間配備の空中給油機の岩国（いわくに）基地（山口県）への移転及び岩国

図27　普天間基地（共同通信社提供）

配備のハリアー攻撃機の米本土移転も発表されている。

普天間返還による基地の整理・縮小が、在日米軍全体の機能維持と両立されなければならないテーマであることは自明であった。そうであれば、従来普天間が担っていた機能を負う何物かを別に用意しなければならず、同時に、それが普天間基地の存在によって生じていた負担を、沖縄県内の別地域にそのまま移転することであってはならないはずであった。「ヘリポート」新設と、嘉手納基地の追加施設整備による普天間の基地機能の一部移転とが、そのための措置であることは暗黙の了解であったろう。

この普天間返還合意に向けての交渉は、橋本の組閣翌月、そして発表二ヶ月前の平成八（一九九六）年二月、サンタモニカにおける日米首脳会談において橋本がビル・クリントン大統領に申し入れたことから開始され、深く静かに潜行して進められた末に四月八日、アメリカ側がモンデール大使を通じて返還受諾を橋本に伝えた。その四日後に日経のスクープとなったわけである。

この普天間返還合意に至る過程は非常に敏速で、鮮やかに映る。その原動力として、沖縄に対する橋本の、秘めたる熱い思いがあったことは間違いなかろう。しかし、単にそれだけではなく、冷戦終結にともなう、重い国際政治の論理があった。

ロマンとリアル

冷戦終結が開いたものは、「平和の配当」の可能性だけではなかった。

吉田茂が、サンフランシスコ講和条約の対象をアメリカ以下西側諸国に限定し、それと同時に日米安全保障条約を締結して日米同盟の原型をつくり、岸信介が、日米安全保障条約をより対等で均衡のとれたものに改定して以降、日米同盟はまさに日本外交の基軸として堅持されてきた。それは、歴史的経緯からいって冷戦の存在を前提としていたし、冷戦という既成事実を理由とした同盟強化を警戒する、国内の護憲勢力との緊張関係によって鍛え上げられてきたのであった。

然るに、冷戦は消滅し、国際情勢は不透明となった。そうなれば、日米同盟の拠って立つ論理、正当性の主張が従来どおりでよいか点検の必要が出てくるし、そもそも日米安保の内容自体、再検討を迫られることが予想された。現に、普天間返還合意成立発表から五日後、来日したクリントン大統領が橋本とともに、「日米安保共同宣言」を発表している。冷戦後の環境においても、日米間の安全保障分野における協力が極めて重要であることを確認するとともに、防衛協力の分野を、日本の防衛や日米間の技術協力などの二国間協力に限定せず、地域における協力、地球的規模での協力を含むものとし、より具体的には日米安保の対象を従来の「極東」から「アジア太平洋」へと拡大する意図を明確化したものであり、まさに冷戦終結を受けての「日米安保再定義」——新時代の日米安保像であった。

このような未来図の中で、沖縄の位置づけは重いものであり続けるだろう。そうであるなら、沖縄の基地使用をめぐり政府と県とがのっぴきならない対立状態に陥り、県知事が代理署名を拒否している状況が、政府にとって好ましくないものであることは自明であった。「普天間返還合意成立」のスクープがかけめぐった四月一二日、前年暮れに国が提起した代理署名訴訟は、まだ係争中であった。この訴訟は八月に最高裁判決があり、県の敗訴が確定したが、その直後の九月八日に行われた、「基地の整理・縮小」と「日米地位協定見直し」への賛否を問う県民投票は、投票率六〇%弱で、賛成が約九割にものぼった。

橋本が、基地の偏在によって沖縄県民が背負わされている負担を軽減し、師・佐藤栄作が成し遂げた沖縄返還の果実を、県民に真に実感してもらえたらという、密かな熱い願望を抱いていたことは事実であろう。それは、政治家としてのロマンの部分である。

その一方で、「日米安保再定義」による日米同盟再編の中で、やはり沖縄に応分の協力を求めなければならないのは、日本の首相としてのリアルな責任であった。橋本がこの時立てた戦略は、普天間返還というロマンの熱気と勢いを利しての、リアルな課題達成であった。そうした展開にしなければ課題解決にならないことを、橋本は見越していた。

先述の、日経のスクープを受けてモンデール駐日大使とともに臨んだ記者会見の直前、橋本は大田知事に電話し、電撃的な決定にふさわしく「普天間の返還を獲得しました。ただ、県内の基地内移転です。受け入れてくれますか」「喜んでいただけますか」「じゃ、いまここにモンデール大使がいらっしゃるので、代わります。知事は米国留学の経験もあるし、英語もうまいから、お礼を言って下さい」とたたみかけるように伝え、モンデールと大田の電話での会話が終わるや、「大田知事に喜んで頂いた」「ご承諾頂いた」と、宣言するように言ったという（船橋洋一『同盟漂流』）。そこに、ロマンとリアルを同時に達成しようとしていた橋本の、昂揚感を読みとることは充分に可能だろう。

首脳会談での決断

平成八（一九九六）年二月のサンタモニカでの日米首脳会談において、普天間返還が浮上するに際しては、実は橋本の方から積極的に提起したのではなく、クリントン大統領の方が水を向けた結果であった。当時、外務省北米局長で首脳会談にも同席していた折田正樹の証言によると、橋本は日米安保体制を損なってはならないと考える一方で、沖縄の問題も何とか打開を、との強い思いも抱いていた。それに加え、クリントンと会うのであれば返還を希望する基地として普天間の名前を挙げてほしい、という要望が大田昌秀知事以下、沖縄から橋本に寄せられてもいた。

折田は「普天間と言ってくれという要求があるが、どう思うか」と、橋本から何度も聞かれたという。折田もその前に普天間を視察しており、「本当に街の真ん中にあり、何か事故でもあったら大変なことになる」という沖縄の心配もよく理解していたが、外交官としては「普天間飛行場の問題は引き続きアメリカ側と事務レベルで議論はしますが、総理の口から具体名を大統領に言われてしまうと、日本国内の期待感を非常に高めることになるでしょう。今は代替基地についてはまったく当てがない状況です。総理が言われたことが仮に実現しないとまた困ったことになるのではないでしょうか。基地の整理統合縮小について一般的なこととして言って頂きたいが、普天間という名前をおっしゃるのはよろしくないのではないでしょうか」と言わざるを得なかった。

アメリカに向かう特別機の中でも、橋本は折田に同じ質問をした。「いろいろ考えているがやっぱり言わないほうがいいかな」——橋本の呟きに、折田は悩みの深さを感じとっていた（折田『外交証言録　湾岸戦争・普天間問題・イラク戦争』）。

さて、本番の橋本・クリントン会談は良好な雰囲気で進行した。日米関係ほど重要な関係はなく、その土台が安保条約であることを改めて確認し合い、クリントンからは、アジアの安全保障の観点に立てば現在レベルの兵力をアメリカは維持する必要があること、また、沖縄の基地が大きな問題になっていることをアメリカも認識しており、特に昨年の事件（九月の少女暴行事件）については全アメリカ人が遺憾に思っている、沖縄の人々の気持ちを考慮して最善を尽くしたい、柔軟に考えていきたい、といった意向が示された。その延長線上に、クリントンが、沖縄について率直にお話し頂けますか、と水を向けた。

それに対し、橋本が――折田によれば、「ちょっとびくっとしたような表情をされた後」――現在、日本を取り巻く国際環境に照らせば、普天間の返還は困難だと承知するが、沖縄県民の要求を伝えるとすれば、それは普天間である、と告げたのである（折田前掲書）。

「ちょっとびくっとしたような表情」は、自らのロマンをリアルな政治課題に込めることの重さを受けとめた結果なのだろう。会談終了後、折田は、やはり会談の場に同席していたカート・キャンベル国防次官補代理に、「橋本総理が口に出したということは大変な決意の上で、これは返せということだ、だからアメリカはそう思って対応してくれなければ困る」と伝えた。アメリカ側の中に、橋本の言葉を、普天間返還は難しいとの認識を示したものと解釈する向きがあったことを受け、そうした誤解を打ち消すべく、折田がキャンベルにこう言ったのだが（折田前掲書）、普天間返還を持ち出すことに否定的だった折田も、橋本の並々ならぬ覚悟を感じとったのであろう。

橋本がこのように普天間に言及したことを受けて、アメリカ側も普天間基地返還で沖縄の県民感情を和らげた上で、新しい日米安保のかたちをつくる作業に入る方が得策だとの判断に傾いた。かくして、電撃的な普天間返還合意は成ったのであった。

残されたリアル

橋本のロマンはとにかく実った。そして、リアルの方も、大枠としては狙い通り順調に進行したというべきであろう。具体的にいえば、普天間返還合意成立の熱狂の裏で、懸案の冷戦消滅を受けた日米安保の再点検、すなわち「日米安保再定義」に向けての作業が大きく前進したのである。

平成八（一九九六）年四月八日にモンデール駐日大使が橋本に、普天間返還への同意を正式に伝えたのだが、その際にアメリカ側が示した返還の条件は、（1）在日米軍の機能維持、（2）普天間の移転費用は日本側が負担する、（3）日本周辺の有事の際、米軍が日本国内の民間空港を使用可能にする態勢の整備を行う、の三つであった。（1）と（3）は従来より踏み込んだ日米防衛協力を意味しており、それを具体化するための施策が必要となる。端的には、「日米防衛協力のための指針」＝ガイドラインの見直しであり、まさに日米安保再定義の一環なのであった。

ガイドラインの重み

ガイドラインとは、昭和五三（一九七八）年、ソ連の日本侵攻を想定して初めて策定されたものである。自衛隊の整備・強化が充分でなかった時代、安保条約が想定する有事の際の米軍と自衛隊の防衛協力のあり方について、詳細に取り決める必要は無かった。しかし、自衛隊が増強され、その一方でアメリカがベトナムから撤退するなど、アメリカの対東アジア政策及び防衛環境全体の変化を受け、ガイドライン策定となったのであった。

然るに、橋本の組閣時にはすでに策定から二〇年近くが経過しており、しかも冷戦終結に加えて、まだ細川内閣時代の一九九三年から翌年にかけて北朝鮮の核開発問題が浮上するなどという情勢の激変があった。遠からず、見直しは必須だったのである。

橋本の手法は巧妙だった。当時の外務省北米局審議官・田中均や、首相秘書官・江田憲司の証言（前掲『橋本龍太郎　外交回顧録』所収）などを総合すると、橋本は、普天間返還合意の興奮が充満している蔭で、ガイドライン関連法案作成に熱心に取り組んでいたのである。表現は悪いが、ロマンを隠れ蓑にして、世論の反発を買いかねない日米軍事協力緊密化という、厳然たるリアルを密かに進めていたのである。それは、沖縄にロマンを抱くことと表裏一体をなす、橋本の冷徹な政治家としての顔であった。ちなみに、ガイドライン関連法案は、橋本の次の小渕恵三内閣のもとで成立している。

ただ、たとえロマンであろうとも、ひとたび政治の文脈に乗せてしまえば、リアルな決着をつけなければならなくなる。既述のように、普天間返還は在日米軍の機能維持という条件つきであった。だとすれば、返還される普天間の機能を代替する施設を、沖縄県民の負担軽減と両立するかたちで得なければ、ロマンはロマンのままであり続けることになってしまう。だが、ロマンの決着をつけるためのこのリアルは簡単ではなかった。

代替施設のゆくえ

普天間返還合意の時点で、普天間の機能を引きつぐ代替施設をどこに、またどのように据えるかは、具体的な見通しが完全についていたわけではない。

一見、無責任に見えるかもしれないが、「先に代替施設について沖縄での了承を取り付ける作業を始めていたら、延々と時間がかかって、結局普天間返還の目処が立たないということになったかもしれません」という田中均の回想（『橋本龍太郎　外交回顧録』）は無視できない。とにかく事を進めてしまえば状況が変わり、結果は後からついてくる的手法は、外交で時に使われる。岸信介の安保条約改定や佐藤栄作の沖縄返還には、それが垣間見えた。政治力が強引さと表裏の関係にあるのは事実である。普天間返還が、代替施設の展望よりも先行してしまったこと自体は、致し方なかったといえるだろう。

ただ、現実に代替施設をどうするかは難題であった。普天間返還合意以降、代替施設の具体案は、概括的にいえば、既存基地で対応→撤去可能な工法による海上施設→埋め立てによる海上施設→沿岸部埋め立てによる新施設、という変遷をたどり、現在、国が進めようとしている案――キャンプ・シュワブ（名護市と国頭郡宜野座村にまたがる在日米軍海兵隊の基地）沿岸部に、V字型の二本の滑走路を備えた新施設を埋め立てによって建設する――で政府・名護市・宜野座村が基本合意に達したのが、普天間返還合意から実に一〇年後、平成一八（二〇〇六）年四月であった。それからさらに一八年が経過して現在に至っている。その計約二八年間の経過を詳述しようとすれば、それだけで大部な書物が一冊できあがるだろう。したがって、ここで説明し尽くすことは無理なのだが、必要な範囲で、以下、可能な限り簡略に述べることとする（宮城大蔵・渡辺豪『普天間・辺野古　歪められた二〇年』などによる）。

迷走のはじまり

普天間返還合意発表の時点において、返還される普天間の果たしていた基地機能の受け皿とされたのは、既存の沖縄の米軍基地内の「ヘリポート」新設、嘉手納基地の追加施設整備による普天間の基地機能の一部移転というように、あくまで既存の基地であり、新たな施設の発生を想定したものではなかった。

その後、局面が代替施設を具体的にどうするかに移った時、最初に検討されたのは「嘉手納統合案」であった。返還されるなら県内で最後になるであろう嘉手納基地への統合なら、確かに基地縮小という県民の希望に添ったものとなる。しかし、町域の大部分を基地が占める嘉手納町の反発が強く、空軍基地である嘉手納と海兵隊基地の普天間を統合することに、アメリカ側も難色を示した。

そこへ突如浮上したのが海に浮かぶヘリポート案であった。先述の「基地の整理・縮小」と「日米地位協定見直し」について問うた県民投票の直後、平成八（一九九六）年九月一七日、沖縄を訪問した橋本が、講演の中で検討対象として語った案である。その時点で嘉手納統合案を検討していた外務省や防衛省は、唐突な提起に驚いたというが、なぜ橋本がそうしたかは不明である。ただ、埋め立てによらない工法の海上へリポートなら将来的に撤去可能という点に、橋本が魅力を感じたのではないか、という推測が有力である。

この案は、同年暮れに至って一種オフィシャルな性格を帯びることになる。前年九月に起こった、既述の少女暴行事件の後、沖縄の基地負担軽減を検討する目的で日米両国政府により立ち上げられたSACD（日米特別行動委員会）が、一二月に最終報告を公表したのだが、その中に代替施設として海上案が明記されたのである。

一三〇〇メートルの滑走路を備え、桟橋や連絡路で陸地と結ばれるその施設は、沖縄本島の東海岸沖に設置するものとされた。まさにその候補地として浮上したのが、名護市辺野古の米軍基地、キャンプ・シュワブの沖合であった。ここで初めて「辺野古」の名が挙がったことは注目されるが、それに加え、年明けた平成九年一月、梶山静六内閣官房長官がキャンプ・シュワブ沖を日米間でおおよその目安をつけた地点、とする旨の発言を行ったことで、代替施設問題の流れは、確かに変わり始めた。

「海上」から「埋め立て」へ

名護市は当初、代替施設受け入れに否定的であった。平成九（一九九七）年一月、梶山官房長官発言直後に、那覇防衛施設局から事前調査の申し入れがなされた際も拒否している。だが、同年一二月二一日に行われた、施設建設の是非を問う名護市住民投票の結果が反対と出たのを覆すかたちで、名護市長が受け入れを表明した上で、辞職の意向を示した。

翌平成一〇年にも大きな動きがあった。二月、名護市長選で、受け入れ容認の前市長の後継候補が当選した。それと時を同じくして、大田知事は海上施設建設拒否を表明した。普天間の機能を既存の基地が継承するのではなく、新たな施設が建設されることを認め難い大田は、橋本首相の懇請に応じなかったのである。これによって、大田は政府の交渉相手としての資格を事実上失った。

このような展開になった背景として、代替施設受け入れに、本島北部の開発の遅れを取り戻す起爆剤になる可能性が見出されたのに加え、仮に代替施設が埋め立てによるものとなれば、将来地元で利用できるといった声が、経済関係者を中心に名護市内にあったことが挙げられる。また、政府も、呼吸を合わせるように、沖縄県内の全ての米軍基地所在市町村を対象として、振興予算（七年間で一〇〇〇億円）を直接配分する方針を打ち出した。これ以後、「基地反対」と「振興」は二者択一という図式が定着したのである。

二月の名護市長選に続き、一一月の沖縄知事選では大田が落選し、小渕恵三内閣（七月の参院選大敗の責任をとって橋本は退陣し、小渕内閣に代わっていた）が推した、沖縄を代表する財界人の稲嶺恵一（いなみねけいいち）が新知事となった。稲嶺は、代替施設は撤去可能な海上施設ではなく、埋め立てによる恒久施設とし、軍民共用、使用期限一五年という方針を打ち出した。埋め立ては地元の建設業者への配慮であり、軍民共用は本島北部振興の観点からであるが、使用期限一五年は、代替施設を実質的な基地新設ではないかという、基地反対派から起こることが予想される反発への対策であった。同時に、この軍民共用と使用期限一五年は、海兵隊の将来的な県外移転を前提としていた。

撤去可能な海上施設から埋め立てによる恒久施設に舵を切ったのは、稲嶺県政による重要な変更であった。一方、「使用期限一五年」は、日本政府及びアメリカにとって受け入れ難い条件であり、さらなる曲折が避けられない情勢であった。

海上埋め立て案の見直し

稲嶺新知事誕生の翌年、平成一一（一九九九）年一二月二八日、普天間移設に関する閣議決定がなされた。辺野古沖合への移設、及び名護市など沖縄本島北部地域を対象とした経済振興策が盛り込まれた。ただ、その前日に名護市長が移設受け入れを表明した際につけた条件に、日米地位協定改善とともに入っていた「使用期限一五年」については、アメリカ政府との話し合いの中で取り上げるとされただけであった。「使用期限一五年」にこだわりを見せる知事以下沖縄側と、国との温度差は明らかであった。

世紀が改まると、普天間移設問題は新しい波に洗われる。世界的な米軍再編問題である。冷戦後の世界情勢の変化に加え、軍事技術のハイテク化・情報ネットワーク化への対応であった。二〇〇一年九月のアメリカ同時多発テロの発生は、特に大きな影響を与えただろう。この一環として世界に展開していた米軍基地及び司令部の整理・統合が課題となり、在日米軍基地もその対象となった。

沖縄の基地は当初、この再編計画の枠外であった。ところが、二〇〇三年一一月、米軍再編を協議するため来日した、当時の米国防長官ラムズフェルドが普天間基地の実態を視察して移転の必要に言及し、また、抑止力低下をもたらさない範囲での海兵隊の沖縄駐留見直しを指示したことから状況が動く。翌年八月、イラク出撃のため普天間基地で訓練中だった海兵隊の大型輸送ヘリが、基地に隣接する沖縄国際大学のキャンパス内に墜落・炎上する事故が起きたことも、この流れを加速させた。事故を受けて、アメリカのアーミテージ国務副長官は、在日米軍基地再編に関する日米協議加速の交換条件として、沖縄の負担軽減を提起した。

この変化が、移設計画にも影響を及ぼした。「使用期限一五年」をめぐり沖縄県・名護市が国に不信感を向け、その一方で、候補地の辺野古沖合に対する国側の環境影響評価や現地技術調査が、移設反対派の抗議活動で進まないという、閉塞した状況がシャッフルされたような雰囲気となったことは否めない。それが、次の段階を準備したといえるように思われる。

一方、辺野古沖合埋め立て案が台風の影響を受けやすいことや、埋め立て予定水域の水深が深すぎるといった欠点がクローズアップされるなど、見直し気運が高まる中で台頭したのが、キャンプ・シュワブの陸上部分と、沖合に出す部分を合わせる半陸半沖の「シュワブ沿岸案」であった。平成一七（二〇〇五）年一〇月にアメリカが同案を了承し、翌年四月七日に既述のとおり政府・名護市・宜野座村の間で基本合意、五月三日に閣議決定がなされた（小泉純一郎（こいずみじゅんいちろう）内閣）。この時の閣議決定では、小渕内閣における平成一一（一九九九）年一二月二八日の普天間移設に関する閣議決定には軽い扱いながらあった「使用期限一五年」が消え、沖縄本島北部に向けた経済振興策も落ちている。官邸の態度は、以前より沖縄に対して硬いものになっていた。

普天間移設問題の現在地は、基本的に小泉内閣で「シュワブ沿岸案」に固まった時点の延長線上にあるといってよい。ただ、紙幅の関係で詳述は難しいが、それなりの紆余曲折はあった。

その後の推移

稲嶺県政が二期八年で終わった後、平成一八（二〇〇六）年一一月に同じ保守系の仲井真弘多が県知事となった。通産省（現・経済産業省）を経て大田県政の副知事、退任後は沖縄電力の社長・会長を務めたという人物である。普天間移設問題については、可能な限りの沖合移動を唱えたが、稲嶺時代のそれとは違い、将来の県外移動への志向性は見えない方針である。

その間、中央では小泉政権後、第一次安倍晋三・福田康夫・麻生太郎という短命な政権が次々に交代した末、平成二一（二〇〇九）年八月三〇日の総選挙で自民党が大敗、民主党への政権交代が実現した。民主党政権最初の首相となった鳩山由紀夫は、選挙戦の段階で、普天間の移設先について「最低でも県外」の方針を明らかにしており、自らの抱く外交ビジョンというべき「対等な日米関係」・「東アジア共同体」に照らしても、自民党政権時代の合意の見直しの必要を考えていた。しかし、それは普天間移設を急ぎたいアメリカのオバマ政権の意向と齟齬していたし、「シュワブ沿岸案」に代わる案を見出すこともできなかったため、県外移設は断念のやむなきに至る。それは、辺野古への回帰を意味した。

一方、平成二二（二〇一〇）年一一月、仲井真知事が二度目の当選を果たす。注目されるのは選挙公約に普天間の「県外移設」を訴えたことで、それが当選に貢献した。しかし、その仲井真も、一〇年単位で更新されてきた沖縄振興特別措置法に基づく沖縄振興計画が二〇一一年度末で期限切れとなることから、新たな振興計画について、政府と交渉する必要に直面していた。県主体で策定した振興計画（従来は内閣府主体であったが、県側の要望で改められていた）に基づく予算折衝では、政府側は好意的であった。仲井真の懐柔をはかっていることは明白で、仲井真としてもそれを無視することはできなかった。

自民党が政権に復帰し、第二次安倍内閣が成立してから約一年後の平成二五（二〇一三）年一二月二五日、沖縄振興予算が概算要求を越える額で確保されたことが明らかになった。その翌々日、二七日に仲井真知事は、普天間移設のため政府が申請していた名護市辺野古の埋め立てを承認したことを表明している。何ものかが大きく変わったのであった。

締めにならない締め

本章は、本書の中で唯一、現在も継続中の政治課題を取り扱っている。それがどのような結末を見ることになるのか、今のところ展望は立っていない。

辺野古の埋め立てを容認した仲井真の知事三選はならなかった。平成二六（二〇一四）年一一月の知事選で仲井真を破って当選したのは、前回知事選で仲井真の選対本部長を務め、「県外移設」を公約に掲げることを勧めた那覇市長・翁長雄志（おながたけし）であった。那覇市長になる前は自民党沖縄県連幹事長だった翁長は、那覇市長時代の平成一七（二〇〇五）年頃、普天間の移設先として硫黄島案を提起したことがあった。米軍再編という事情から沖縄の頭越しにことが運ばれていくことへの疑問と、本土の沖縄に対する態度に対する失望から「オール沖縄」を標榜して選挙に立ち、大差で仲井真を退けたのである。付け加えると、暮れに行われた衆院総選挙でも、沖縄四選挙区はすべて「オール沖縄」候補が勝利した。

翁長県政の時代になると、沖縄防衛局に対し、仲井真時代に下された辺野古の埋め立て承認の取り消しを通知するなど、国との対決姿勢が鮮明になった。翁長は、当選から四年後の平成三〇（二〇一八）年、癌のため死去した。同年一一月に行われた知事選では、翁長の後継候補たる玉城（たまき）デニーが当選している。政府と県との関係は基本的に変わっていない。玉城知事誕生の翌年二月二四日に実施された、最新の県民投票――「辺野古米軍基地建設のための埋立ての賛否を問う県民投票」では、反対が七一・七％を占めた（投票率五二・四八％）。

辺野古への移設に言及する時、政府関係者が共通して口にする言葉が「粛々と進める」

である。行政の流れとしては当然そうなるのだろう。それに対し、県の姿勢も、変化はない。打開の糸口は見えず、進むのは時間だけ。このような状況が将来どうなるか、予想なり展望を行うことなど、沖縄基地問題の専門家ではなく、日米関係の研究者でもない筆者には不可能である。そうであれば、本章に締めらしい締めをつけることも当然できない。

このような、締めのつかない話を最終章とすることで、本書ははなはだ落ち着きの悪い読後感を残すことになってしまうかもしれない。それでも、本書の締め括りに筆者が選んだのは、政治とは何かという、最も純粋な問いかけがそこにあると感じられたからである。

政治という方程式

仮に「政治とは○○のようなものだ」という一文を示し、○○に最適と思う言葉を自由に考えてみてほしい、と問いを発したら、人によって実に多様な答えが返ってくるだろう。

筆者だったら、難しい方程式を解くようなものだ、と答える。政治の力で解決しなければならない問題とそれをとりまく状況が、方程式のかたちで示されている。その方程式のXにあてはまるべき解――要するに、最も適切な政策なり方針ということだが、それを案出し、実行していくのが政治という営みであると考える。

では、どのような解でなければならないか。それはもとより、大局的見地に立った上で最大限の利益を獲得し、その利益を可能な限りの広範囲に合理的に分配できるような、逆に損失を覚悟しなければならない時には、その量を最小限にとどめ、及ぶ範囲を可能な限り狭く限定できるような解ということになる。極端なケースとして、今を生きる国民全部にとって不利益だが、まだ生まれていない将来世代の利益を図る選択をしなければならないということもあり得る。国債残高を減らすための増税などはそれに該当しよう。そのための解Xを、有理数になろうが無理数になろうが、政治は求めなければならない。

しかし、この方程式は一筋縄ではいかない。純粋に無機的な数字ではなく、人間を相手にすることで途方もない難問となる。たとえ、示されている式が日米同盟堅持と沖縄県民の負担軽減という、二つの事項の関係を表現する、比較的シンプルなものであっても。時には、本来直接関係ないはずの事案との組み合わせで解決をはかる、などという場合もあろう。「宮沢喜一の大見得」で触れた、アメリカのニクソン政権が、沖縄返還の交換条件として、繊維製品の対米輸出自主規制を要求したことなどはその典型例といえよう。その場合は、連立方程式を解かなければならなくなる。難しさは倍加する。

加えて、数学にはない時間という軸がある。ある時期には解であったものが、時間が経過して局面が変化すれば、単なる誤答になってしまうということもしばしばだ。というより、時の流れによって、方程式そのものが変化してしまう、という方が適切かもしれない。また、解を出さずに放っておくのが正解ということも起こり得る。外交交渉などにある、とりあえず凍結、あるいは解決せざるを以て解決とす、というやり方である。

普天間の方程式は解かれるか

普天間返還合意がなされ、それが宙に浮いていく過程は、政治という方程式の難しさを改めて浮き彫りにした。はじまりは、斜に構えた自信家・橋本龍太郎が四半世紀以上前に吐いた、およそ板につかない台詞だった。時が過ぎ、政権が交代し、状況も変化して、代替施設をどうするかという問題は迷走し、普天間返還合意は思いも寄らない地点にたどり着いてしまった。

沖縄戦の際、大田實（おおたみのる）海軍少将（沖縄方面根拠地隊司令官として地上戦の指揮にあたった）が発した昭和二〇（一九四五）年六月六日発信海軍次官宛電報「沖縄県民斯（か）ク戦ヘリ　県民ニ対シ後世特別ノ御高配ヲ賜ランコトヲ」にはじまる、沖縄に関わった人々が残した言葉を通じ、沖縄の戦後史を通観した河原仁志（かわはらひとし）（共同通信記者・同経済部長・同編集局長を経てフリーライター）の労作『沖縄をめぐる言葉たち』に、組閣前夜の橋本の台詞は登場しない。

その橋本も、そして橋本に組閣名簿作成を丸投げされた野中広務や加藤紘一も、代理署名拒否に打って出た大田昌秀も、みな故人となった。橋本の言葉も、そこに込められた志も思いも、今は忘れ去られている。

しかし、将来思い出される時が来るか、あるいは同じ志を持つ人物が現れるか、それとも、その時点での日米同盟強化と沖縄の基地負担軽減を調和させる、橋本時代には到底思い及ばなかった絶妙手を案出する政権が登場するか——そのような可能性が絶対ないと言い切れないし、言い切れないのがそもそも政治というものなのだろう。

政治の「ことば」空間はどうなっていくのか――エピローグ

本書の前篇をなす『名言・失言の近現代史　上　一八六八―一九四五』中の「樺山資紀（かばやますけのり）のふるった「蛮勇」」において、議会制度の意義を「それまで少数の有力者だけの閉鎖空間に限定されていた政策決定過程を、重要な部分にまで踏み込んで公開することにある」と書いた。

公開空間の次に来るもの

帝国議会が稼働し始める前の太政官制では、最高レベルの政策決定は、大臣・参議ら少数の有力者による密室での協議でなされていた。それを批判して発生したのが自由民権運動で、いずれは憲法と議会を、と考えていた政府と、民権運動の相互作用により、帝国議会という公開空間ができた。それ以後、政治の場で生み出される「ことば」は精彩を放ち、面白くなった。本書は、貧しいながらも、そのような変化の所産である。

ただ、前後篇で対象とした、公開空間下の政治の「ことば」は、帝国議会開設間もない樺山資紀の「蛮勇演説」から、二〇世紀が終わる直前の「橋本龍太郎の自虐」までである。そうなったのは、分量の関係もあるが、今世紀に入って以降、取り上げたい「ことば」を見出せなかったからでもある。

開放空間か拡散空間か、はたまた氾濫空間か

今世紀以降の急速なインターネットの普及は、政治にも影響を与えずにはおかなかった。今日、HPを持たない政治家は稀である。選挙区の支持者・有権者との交流、あるいは政治的発信にも使い勝手のよいツールである。それに加え、SNSの登場は、リアルタイムで広範囲への発信を可能にした。そこにも多くの政治家が参入していった。

このような状況の変化により、政治家が社会に向けて発信する「ことば」の絶対量は明らかに増加した。全体量が増加すれば個々の価値は下がるという経済法則が、「ことば」にもそのままあてはまるとは思わないが、個々の特質を見えにくくした面はあるだろう。増えたのはプロの政治家の発信だけではない。アマチュア、つまり一般の人々もまた、インターネットを通じて政治的発信を行うようになった。昔なら新聞の投書欄が引き受けていた役割を、より手軽なSNSなどが負うようになったといえるだろう。

このような変貌を遂げた「ことば」空間を、公開空間という用語で表現しきれるもので

はもはやないだろう。開放空間、あるいは到達する広さに着目すれば拡散空間、発信される情報なり意見の量の増加を重視するなら、氾濫空間とでも呼ぶべきか。いずれであるにせよ、このような現象は、既存の何ものかを変えたように思う。

現状どうなっているか

現在の政治の風景はどうなっているか。

国会審議はさほど変わっていない。「宮沢喜一の大見得」や「細川護熙の深夜劇場」でテーマとなった「政治改革」は、基本的に選挙制度改革をさしていた。しかし、「政治改革」の計画書である小沢一郎『日本改造計画』には、抽象的にしろ、国会を、野党が質問で一方的に政権を追及するのではなく、与野党間の議論の場とすべきことが謳われていた。

その具体化として、平成一二（二〇〇〇）年、首相と野党党首とが一対一で議論する「党首討論」が導入された。また、本来大臣があたるべき国会答弁を、官僚が「政府委員」として事実上代行してしまう慣行を廃し、委員会が必要を認めた場合のみ、「政府参考人」が技術的・細目的事項に限定して答弁にあたることが許されるように改められた。いずれも、国会審議において議員が主役となり、内容豊かな議論を熱っぽく展開するようになることを期待してのものであった。その効果のほどについて結論を下すのは尚早だろうが、少なくとも、委員会中心の審議方式の、専門性に傾きすぎた議論に、熱気とわかりやすさ、何より面白さをもたらすまでには至っていないのではないか。

他方、国会の議事ではうかがい知れない、政治家間、政党間の舞台裏での交渉（プロローグで触れた、内向きの世界）はどうだろうか。

コミュニケーションの手段がいかに進歩し、多様化しようとも、相手の表情や声の調子からその真意をさぐり、それによって対応を考えていく面談の、政治活動に占める重さに変化はない。そこで交わされる意味深長な会話は、もとよりリアルタイムで正確に知ることはできないが、ある程度時間が経過してから、ジャーナリストや政治史研究者などが解明してきた。しかし、「細川護熙の深夜劇場」の末尾で触れたように、日記なり回顧録といった、素材となる史料が、戦前と同じようなかたちで残されていく保証がない以上、将来も同様に解明されていくかどうかは不透明である。

このような状況なので、国会の中でも、その舞台裏でも、味わい深かったり、陰影に富むような「ことば」が、注目される土壌は縮小しつつあるのではないか。新聞その他ジャーナリズムもかつてほどの影響力は発揮し得なくなり、その一方で、政治の「ことば」が飛び交うネット空間のみ、肥大化の一途をたどっている。

ある憂い

筆者のような物好きがふたたび現れて、世紀が改まって以降の名言・失言の類に注目して本を書くなどということはあるのだろうか。書きたくても素材がない可能性は高いのではないか。しかし、それ自体は大した問題ではないのかもしれない。

ただ、その一方で懸念されることもある。現状、「世論」とはどこに、どのようなかたちで表現されているものをさすのだろうか。

ネット上に氾濫する情報なり意見にも、有意義なものは相当量あるだろう。だが、匿名性の高さにつけ込んだ無責任な発信も決して少なくはなく、悪意の解放区に堕してしまう危険性はつきまとう。やはり、ネット空間は世論の把握には馴染まない要素があるし、そのような場が存在感を高めていくことには、不安を禁じ得ない。

新聞やテレビの世論調査は重んずべきものであり、政権や政党の態度にも影響を及ぼすが、限られた範囲の無作為抽出による限界はあり、また設問の仕方で回答がぶれたりする例も稀にはある。何より、最も厳粛な世論の表現であるはずの選挙の投票率が、若年層を中心に低下の一途をたどっていることは憂うべき現象である。

「ことば」が埋没してしまう政治は、将来どうなってしまうのか。ネット時代にふさわしく、しかも豊穣な「ことば」を生み出せる装置なり場をつくり上げ、健全で確かな世論を喚起し、くみとっていくだけの英知を、日本政治が備えていることを信じたいし、信じてもいる。現に、自民党所属の若手議員から、国会改革上の課題として、（1）首相や閣僚が長時間国会に拘束されること、（2）政策より日程闘争が中心になっていること、（3）国会の行政を監視する機能をどうやって適切に発揮するか、（4）ＩＴ化への対応、が掲げられた例がある（村井英樹の発言。「自民党若手座談会　上」『毎日新聞』平成三〇〈二〇一八〉年一〇月一〇日）。問題意識は、決して摩滅していない。

古稀近い一介の政治史研究者には心配することしかできないが、それが杞憂であることを祈って、本書を閉じたい。

あとがき

このような手順を踏んで単著を書いたのは、初めてのことである。

実は、本書には原型のようなものがある。刊行開始から優に半世紀を超える、日本歴史学会編集の人物叢書の既刊書目が三〇〇冊に達したのを記念し、人物叢書別冊『人とことば』が二〇二〇年二月に吉川弘文館から刊行された。古代から近現代まで、一一七名の人物が残したことばを取り上げ、それを通じて各々の人物像と生きた時代を描くエッセイ集で、私も山県有朋（やまがたありとも）・青木周蔵（あおきしゅうぞう）・板垣退助（いたがきたいすけ）・後藤象二郎（ごとうしょうじろう）・河野広中（こうのひろなか）・星亨（ほしとおる）の六人を担当した。

執筆自体は楽しい作業であったのだが、何分にも字数などの制約があり、充分に意を尽くせない点も少なくなかった。それについて、私のあまりよろしくない癖なのだが、原稿を完成させていく過程で編集担当者に不満を言いすぎた。その担当者というのが、まさに本書の企画を立て、編集にもあたってくださった斎藤信子さんである。えらそうに文句を言うのなら、充分な字数を与えてやるから好きなように、好きなだけ書いてみろ、ということだったのか、いつのまにやら本書、また前篇といえる『名言・失言の近現代史　上　一八六八―一九四五』を執筆することになってしまった。優秀な編集者は執筆者を督励する腕もさることながら、籠絡する術も心得ているものであることを実感した。

さて、原型は以上のようなものであるとしても、私が政治のことばに関心を持った原体験は、もっと昔に遡（さかのぼ）れるように思う。

大学入学後、いわゆる五月病にかかった私は、単位を取るためだけの中途半端な勉強をしたあげく、日本史なら嫌いじゃないからいいか、とばかりに国史学科に進み、古文や漢文の力を必要とする難しい史料は読みたくないので近現代史、理数系が苦手の身で数字を扱いたくないので政治史、という安易な選択をした怠惰な学生であった。その私が、学科進学間もない頃、ふと、あの政治家はあの日のことを日記にどう書いているんだろう、という興味を抱いた。あの政治家とは大久保利通（おおくぼとしみち）で、あの日とは明治六年一〇月二三日、征韓論争に敗れた西郷隆盛（さいごうたかもり）が参議を辞任した当日である。大久保が冷徹な人物であることぐらいは、おぼろげな知識として持っていたが、逆にいえば、そのような人物であるからこそ、あの日ぐらいは、若かった頃からの西郷との関係を踏まえ、幾分かの感慨を込めて書いているのではないか、と考えたのである。

ところが『大久保利通日記　下巻』（日本史籍協会叢書）の当該頁を開くと、西郷については一言「西郷隆盛辞表ヲ遺シテ去ル」、それも日記本文ではなく上欄外に注記のように書いてあるだけなのである。えっ、これだけなの、まさか、そんな——正直、唖然とした。しかし、この程度のことで驚いたのは、所詮、私が初心者だからであった。その後、刊本の史料、さらには国立国会図書館憲政資料室所蔵の、いわゆるくずし字で書かれた書簡類などを読む（もとより、諸先輩に手ほどきを受けながらであったが）うちに、政治家たちが、さり気ない文章の中に重要な問題を、微妙なニュアンスで語り、深い意志疎通をはかっている事実がおぼろげながらわかってきた。前掲の大久保日記の記述も、安易に大久保の個性の問題に帰したりせず、当時の大久保が西郷の辞職をなぜこのように書いたのか、たとえ結論は出ないにしても、突っ込んで考えてみるようでなければいけなかったのであろう。

こういう経験を積み重ねているうちに、いつのまにか政治のことばに魅せられ、それを探ることを職業とするまでになってしまったのかもしれない。そうした意味で、本書は、古稀になろうとする私にとっては、初心に帰ることであると同時に、これまでの歴史家人生の決算ともいえよう。そのようなものを書く機会を得られたのは幸福なことなのだろう。幸福を味わわせてもらった謝辞は、それこそこれまで学恩を蒙った方々全てに捧げなくてはならないが、やはりその代表としては吉川弘文館の斎藤さんと、新人編集者として本書の編集に加わってくださった森成史氏の名をあげさせていただく。お二方とも、プロの読者たるべき編集者の役割を十二分に果たして下さった。本書の「吉田茂(よしだしげる)の「密」なる空間」と、『名言・失言の近現代史　上　一八六八―一九四五』中の「牛歩戦術の御披露目興行」は、斎藤さんの提案で新たに加えたものであるし、他にも彼女の助言で構成し直した箇所がある。森氏も、精力的かつ辛抱強く、私のまずい文章に向き合っていただいた。衷心より感謝申し上げる。

二〇二四年四月

村瀬信一

参考文献

〈公刊史料〉

『週刊ポスト』
『第一五国会予算委員会議録』
『中央公論』
朝日新聞政治部編『政党と派閥―権力の座をめぐる人脈―』（一九六八年、朝日新聞社）
麻生和子『父　吉田茂』（一九九三年、光文社）
五百旗頭真・宮城大蔵編『橋本龍太郎　外交回顧録』（二〇一三年、岩波書店）
五百旗頭真・薬師寺克行・伊藤元重編『90年代の証言　小沢一郎　政権奪取論』（二〇〇六年、朝日新聞社）
五十嵐仁・木下真志『日本社会党・総評の軌跡と内実―20人のオーラル・ヒストリー―』（二〇一九年、旬報社）
石橋政嗣『「五五年体制」内側からの証言』（一九九九年、田畑書店）
石原慎太郎『国家なる幻影―わが政治への反回想―』（一九九九年、文藝春秋）
同　『天才』（二〇一六年、幻冬舎）
石原信雄『首相官邸の決断―内閣官房副長官石原信雄の２６００日間―』（一九九七年、中央公論社）

伊藤惇夫『永田町「悪魔の辞典」』(二〇〇四年、文藝春秋)
伊藤昌哉『池田勇人　その生と死』(一九六六年、至誠堂)
今井一男『実録　占領下の官公労争議と給与—大蔵省給与局長の回想—』(一九八三年、財務出版)
梅澤昇平『ドキュメント民社党—政党参謀の証言と記録—』(二〇一四年、ココデ出版)
江田三郎『新しい政治をめざして』(一九七七年、日本評論社)
江藤淳『日本よ、亡びるのか』(一九九四年、文藝春秋)
大嶽秀夫編『戦後日本防衛関係資料集』第一巻(一九九一年、三一書房)
大野伴睦『大野伴睦回想録』(一九八五年、弘文堂)
岡崎守恭『自民党秘史』(二〇一八年、講談社)
奥島貞雄『自民党幹事長室の30年』(二〇〇二年、中央公論新社)
長田達治『細川政権・二六三日』(一九九七年、行政問題研究所)
小沢一郎『日本改造計画』(一九九三年、講談社)
折田正樹『外交証言録　湾岸戦争・普天間問題・イラク戦争』(二〇一三年、岩波書店)
金丸信『人は城・人は石垣・人は堀』(一九八八年、日本経済新聞社)
仮野忠男・長田達治『橋本龍太郎・全人像』
川内一誠『大平政権・五五四日』(一九八二年、行政問題研究所)
岸信介『岸信介回顧録—保守合同と安保改定—』(一九八三年、廣済堂出版)
清宮龍『福田政権・七一四日』(一九八四年、行政問題研究所)

楠田實編著『産経新聞政治部秘史』(二〇〇一年、講談社)
久保亘『連立政権の真実』(一九九八年、読売新聞社)
倉重篤郎『小泉政権一九八〇日〈上〉』(二〇一三年、行政問題研究所)
後藤謙次『小渕恵三・全人像』(一九九一年、行政問題研究所)
佐々木更三『社会主義的・的政権―実践的段階論―』(一九七五年、毎日新聞社)
自民党編『決断！あの時私はこうした』(二〇〇六年、中央公論事業出版)
御厨貴・牧原出編『聞き書　武村正義回顧録』(二〇一一年、岩波書店)
田中秀征『平成史への証言―政治はなぜ劣化したか―』(二〇一八年、朝日新聞出版)
田原総一朗『今だから言える日本政治の「タブー」』(二〇一〇年、扶桑社)
冨森叡児『戦後保守党史』(一九九四年、社会思想社)
中曽根康弘『天地有情』(一九九六年、文藝春秋)
同　『政治と人生』(一九九二年、講談社)
同　『中曽根康弘が語る戦後日本外交』(二〇一二年、新潮社)
馬場周一郎『蘭は幽山にあり―元自民党副総裁　二階堂進聞書―』(一九九八年、西日本新聞社)
西尾末広『西尾末広の政治覚書』(一九六八年、毎日新聞社)
西住徹編『北村徳太郎　談論編』(二〇〇二年、親和銀行ふるさと振興基金)
野中広務『老兵は死なず―野中広務　全回顧録―』(二〇〇四年、文藝春秋)
福田赳夫『回顧九十年』(一九九五年、岩波書店)

細川護熙『内訟録　細川護熙総理大臣日記』（二〇一〇年、日本経済新聞出版社）
御厨貴・芹川洋一『日本政治　ひざ打ち問答』（二〇一四年、日本経済新聞出版社）
御厨貴・中村隆英編『聞き書　宮澤喜一回顧録』（二〇〇五年、岩波書店）
御厨貴・牧原出編『聞き書　野中広務回顧録』（二〇一二年、岩波書店）
宮沢喜一『戦後政治の証言』（一九九一年、読売新聞社）
村山富市『そうじゃのう…』（一九九八年、第三書館）
山岸章『我かく闘えり』（一九九五年、朝日新聞社）
山本幸一『山幸風雲録』（一九八三年、日本評論社）
読売新聞社政治部編『政界再編の幕開け』（一九九三年、読売新聞社）
若宮啓文『忘れられない国会論戦』（一九九四年、中央公論社）

〈Ｗｅｂ史料〉

厚生労働省ＨＰ（https://www.mhlw.go.jp/index.html）
東京都ＨＰ（https://www.metro.tokyo.lg.jp）
小此木潔「「平和の配当」論に思う　冷戦終結　米経済学者たちの伝言」（https://www.jnpc.or.jp/journal/interviews/34899）
宮城大蔵「「普天間返還合意」とは、結局何だったのか②」（https://okiron.net/archives/600）

〈研究書〉

内田健三『派閥』（一九八三年、講談社）

河原仁志『沖縄をめぐる言葉たち』（二〇二〇年、毎日新聞出版）

北岡伸一『自民党』（一九九五年、読売新聞社）

小島亮『ハンガリー事件と日本』（一九八七年、中央公論社）

佐藤誠三郎・松崎哲久『自民党政権』（一九八六年、中央公論社）

ジェラルド・カーティス『日本の政治をどう見るか』（一九九五年、日本放送出版協会）

原彬久『戦後史のなかの日本社会党』（二〇〇〇年、中央公論新社）

船橋洋一『同盟漂流』（一九九七年、岩波書店）

宮城大蔵・渡辺豪『普天間・辺野古　歪められた二〇年』（二〇一六年、集英社）

渡邉昭夫編『戦後日本の宰相たち』（一九九五年、中央公論社）

〈論文など〉

岩井奉信「五五年体制の崩壊とマス・メディア」（『年報政治学』第四六巻、一九九六）

楠精一郎「60年安保と解釈改憲の定着」（『This is 読売　臨時増刊　日本国憲法のすべて』〈一九九七年、読売新聞社〉所収）

小林良彰「敗因分析から見た存在理由の危うさ」（『月刊社会党』一九九三年九月号所収）

著者紹介

一九五四年、東京都に生まれる
一九七八年、東京大学文学部国史学科卒業
一九八九年、東京大学大学院人文科学研究科博士課程単位取得退学
現在、川村学園女子大学・清泉女子大学非常勤講師、博士（文学）

〔主要著書〕
『帝国議会改革論』（吉川弘文館、一九九七年）
『明治立憲制と内閣』（吉川弘文館、二〇一一年）
『首相になれなかった男たち』（吉川弘文館、二〇一四年）
『帝国議会』（講談社、二〇一五年）

歴史文化ライブラリー
595

名言・失言の近現代史　下
一九四六—

二〇二四年（令和六）五月一日　第一刷発行

著　者　村瀬信一（むらせしんいち）
発行者　吉川道郎
発行所　株式会社　吉川弘文館
東京都文京区本郷七丁目二番八号
郵便番号一一三—〇〇三三
電話〇三—三八一三—九一五一〈代表〉
振替口座〇〇一〇〇—五—二四四
https://www.yoshikawa-k.co.jp/
印刷＝株式会社 平文社
製本＝ナショナル製本協同組合
装幀＝清水良洋・宮崎萌美

ISBN978-4-642-05995-4

歴史文化ライブラリー

1996. 10

刊行のことば

現今の日本および国際社会は、さまざまな面で大変動の時代を迎えておりますが、近づきつつある二十一世紀は人類史の到達点として、物質的な繁栄のみならず文化や自然・社会環境を謳歌できる平和な社会でなければなりません。しかしながら高度成長・技術革新にともなう急激な変貌は「自己本位な刹那主義」の風潮を生みだし、先人が築いてきた歴史や文化に学ぶ余裕もなく、いまだ明るい人類の将来が展望できていないようにも見えます。このような状況を踏まえ、よりよい二十一世紀社会を築くために、人類誕生から現在に至る「人類の遺産・教訓」としてのあらゆる分野の歴史と文化を「歴史文化ライブラリー」として刊行することといたしました。

小社は、安政四年(一八五七)の創業以来、一貫して歴史学を中心とした専門出版社として書籍を刊行しつづけてまいりました。その経験を生かし、学問成果にもとづいた本叢書を刊行し社会的要請に応えて行きたいと考えております。

現代は、マスメディアが発達した高度情報化社会といわれますが、私どもはあくまでも活字を主体とした出版こそ、ものの本質を考える基礎と信じ、本叢書をとおして社会に訴えてまいりたいと思います。これから生まれでる一冊一冊が、それぞれの読者を知的冒険の旅へと誘い、希望に満ちた人類の未来を構築する糧となれば幸いです。

吉川弘文館

歴史文化ライブラリー

近・現代史

江戸無血開城 本当の功労者は誰か？——岩下哲典
五稜郭の戦い 蝦夷地の終焉——菊池勇夫
水戸学と明治維新——吉田俊純
大久保利通と明治維新——佐々木 克
刀の明治維新 「帯刀」は武士の特権か？——尾脇秀和
維新政府の密偵たち 御庭番と警察のあいだ——大日方純夫
京都に残った公家たち 華族の近代——刑部芳則
文明開化 失われた風俗——百瀬 響
大久保利通と東アジア 国家構想と外交戦略——勝田政治
明治の政治家と信仰 クリスチャン民権家の肖像——小川原正道
名言・失言の近現代史 上 1868—1945——村瀬信一
大元帥と皇族軍人 明治編——小田部雄次
皇居の近現代史 開かれた皇室像の誕生——河西秀哉
日本赤十字社と皇室 博愛か報国か——小菅信子
リーダーたちの日清戦争——佐々木雄一
陸軍参謀 川上操六 日清戦争の作戦指導者——大澤博明
軍隊を誘致せよ 陸海軍と都市形成——松下孝昭
軍港都市の一五〇年 横須賀・呉・佐世保・舞鶴——上杉和央
〈軍港都市〉横須賀 軍隊と共生する街——高村聰史
第一次世界大戦と日本参戦 揺らぐ日英同盟と日独の攻防——飯倉 章
日本酒の近現代史 酒造地の誕生——鈴木芳行
温泉旅行の近現代——高柳友彦
失業と救済の近代史——加瀬和俊
近代日本の就職難物語 「高等遊民」になるけれど——町田祐一
難民たちの日中戦争 戦火に奪われた日常——芳井研一
昭和天皇とスポーツ 〈玉体〉の近代史——坂上康博
大元帥と皇族軍人 大正・昭和編——小田部雄次
昭和陸軍と政治 「統帥権」というジレンマ——高杉洋平
松岡洋右と日米開戦 大衆政治家の功と罪——服部 聡
唱歌「蛍の光」と帝国日本——大日方純夫
着物になった〈戦争〉 時代が求めた戦争柄——乾 淑子
稲の大東亜共栄圏 帝国日本の〈緑の革命〉——藤原辰史
地図から消えた島々 幻の日本領と南洋探検家たち——長谷川亮一
自由主義は戦争を止められるのか 芦田均・清沢洌・石橋湛山——上田美和
軍用機の誕生 日本軍の航空戦略と技術開発——水沢 光
国産航空機の歴史 零戦・隼からYS-一一まで——笠井雅直
首都防空網と〈空都〉多摩——鈴木芳行
帝都防衛 戦争・災害・テロ——土田宏成
帝国日本の技術者たち——沢井 実

歴史文化ライブラリー

強制された健康 日本ファシズム下の生命と身体――藤野　豊
「自由の国」の報道統制 大戦下の日系ジャーナリズム――水野剛也
学徒出陣 戦争と青春――蜷川壽惠
特攻隊の〈故郷〉 霞ヶ浦・筑波山・北浦・鹿島灘――伊藤純郎
陸軍中野学校と沖縄戦 知られざる少年兵「護郷隊」――川満　彰
沖縄戦の子どもたち――川満　彰
沖縄からの本土爆撃 米軍出撃基地の誕生――林　博史
原爆ドーム 物産陳列館から広島平和記念碑へ――頴原澄子
米軍基地の歴史 世界ネットワークの形成と展開――林　博史
沖縄米軍基地全史――野添文彬
世界史のなかの沖縄返還――成田千尋
考証　東京裁判 戦争と戦後を読み解く――宇田川幸大
ふたつの憲法と日本人 戦前・戦後の憲法観――川口暁弘
名言・失言の近現代史　下 一九四六―――村瀬信一
戦後文学のみた〈高度成長〉――伊藤正直
首都改造 東京の再開発と都市政治――源川真希
鯨を生きる 鯨人の個人史・鯨食の同時代史――赤嶺　淳

文化史・誌

山寺立石寺 霊場の歴史と信仰――山口博之
神になった武士 平将門から西郷隆盛まで――高野信治
跋扈する怨霊 祟りと鎮魂の日本史――山田雄司
将門伝説の歴史――樋口州男
殺生と往生のあいだ 中世仏教と民衆生活――苅米一志
浦島太郎の日本史――三舟隆之
おみくじの歴史 神仏のお告げはなぜ詩歌なのか――平野多恵
〈ものまね〉の歴史 仏教・笑い・芸能――石井公成
スポーツの日本史 遊戯・芸能・武術――谷釜尋徳
戒名のはなし――藤井正雄
墓と葬送のゆくえ――森　謙二
運　慶 その人と芸術――副島弘道
ほとけを造った人びと 止利仏師から運慶・快慶まで――根立研介
祇園祭 祝祭の京都――川嶋將生
洛中洛外図屏風 つくられた〈京都〉を読み解く――小島道裕
化粧の日本史 美意識の移りかわり――山村博美
乱舞の中世 白拍子・乱拍子・猿楽――沖本幸子
神社の本殿 建築にみる神の空間――三浦正幸
古建築を復元する 過去と現在の架け橋――海野　聡
生きつづける民家 保存と再生の建築史――中村琢巳
大工道具の文明史 日本・中国・ヨーロッパの建築技術――渡邉　晶
苗字と名前の歴史――坂田　聡

歴史文化ライブラリー

- 日本人の姓・苗字・名前 人名に刻まれた歴史——大藤 修
- 日本料理の歴史——熊倉功夫
- 日本の味 醤油の歴史——林 玲子・天野雅敏編
- 中世の喫茶文化 儀礼の茶から「茶の湯」へ——橋本素子
- 香道の文化史——本間洋子
- 天皇の音楽史 古代・中世の帝王学——豊永聡美
- 話し言葉の日本史——野村剛史
- ガラスの来た道 古代ユーラシアをつなぐ輝き——小寺智津子
- たたら製鉄の歴史——角田徳幸
- 金属が語る日本史 銭貨・日本刀・鉄炮——齋藤 努
- 賃金の日本史 仕事と暮らしの一五〇〇年——高島正憲
- 書物と権力 中世文化の政治学——前田雅之
- 気候適応の日本史 人新世をのりこえる視点——中塚 武
- 災害復興の日本史——安田政彦

民俗学・人類学

- 古代ゲノムから見たサピエンス史——太田博樹
- 日本人の誕生 人類はるかなる旅——埴原和郎
- 倭人への道 人骨の謎を追って——中橋孝博
- 役行者と修験道の歴史——宮家 準
- 幽霊 近世都市が生み出した化物——高岡弘幸
- 遠野物語と柳田國男 日本人のルーツをさぐる——新谷尚紀

世界史

- ドナウの考古学 ネアンデルタール・ケルト・ローマ——小野 昭
- 神々と人間のエジプト神話 魔法・冒険・復讐の物語——大城道則
- 中国古代の貨幣 お金をめぐる人びとと暮らし——柿沼陽平
- 渤海国とは何か——古畑 徹
- アジアのなかの琉球王国——高良倉吉
- 琉球国の滅亡とハワイ移民——鳥越皓之
- イングランド王国前史 アングロサクソン七王国物語——桜井俊彰
- ヒトラーのニュルンベルク 第三帝国の光と闇——芝 健介
- 帝国主義とパンデミック 医療と経済の東南アジア史——千葉芳広
- 人権の思想史——浜林正夫

考古学

- タネをまく縄文人 最新科学が覆す農耕の起源——小畑弘己
- イヌと縄文人 狩猟の相棒、神へのイケニエ——小宮 孟
- 顔の考古学 異形の精神史——設楽博己
- 〈新〉弥生時代 五〇〇年早かった水田稲作——藤尾慎一郎
- 弥生人はどこから来たのか 最新科学が解明する先史日本——藤尾慎一郎
- 文明に抗した弥生の人びと——寺前直人
- 樹木と暮らす古代人 木製品が語る弥生・古墳時代——樋上 昇

歴史文化ライブラリー

歴史文化ライブラリー

もう一つの平泉 奥州藤原氏第二の都市・比爪―羽柴直人
源頼家とその時代 二代目鎌倉殿と宿老たち―藤本頼人
六波羅探題 京を治めた北条一門―森 幸夫
大道 鎌倉時代の幹線道路―岡 陽一郎
仏都鎌倉の一五〇年―今井雅晴
鎌倉北条氏の興亡―奥富敬之
鎌倉幕府はなぜ滅びたのか―永井 晋
武田一族の中世―西川広平
三浦一族の中世―高橋秀樹
伊達一族の中世「独眼龍」以前―伊藤喜良
弓矢と刀剣 中世合戦の実像―近藤好和
その後の東国武士団 源平合戦以後―関 幸彦
曽我物語の史実と虚構―坂井孝一
鎌倉浄土教の先駆者 法然―中井真孝
親 鸞―平松令三
親鸞と歎異抄―今井雅晴
畜生・餓鬼・地獄の中世仏教史 因果応報と悪道―生駒哲郎
神や仏に出会う時 中世びとの信仰と絆―大喜直彦
神仏と中世人 宗教をめぐるホンネとタテマエ―衣川 仁
神風の武士像 蒙古合戦の真実―関 幸彦
鎌倉幕府の滅亡―細川重男
足利尊氏と直義 京の夢、鎌倉の夢―峰岸純夫
高 師直 室町新秩序の創造者―亀田俊和
新田一族の中世「武家の棟梁」への道―田中大喜
皇位継承の中世史 血統をめぐる政治と内乱―佐伯智広
地獄を二度も見た天皇 光厳院―飯倉晴武
南朝の真実 忠臣という幻想―亀田俊和
信濃国の南北朝内乱 悪党と八〇年のカオス―櫻井 彦
中世の巨大地震―矢田俊文
大飢饉、室町社会を襲う!―清水克行
中世の富と権力 寄進する人びと―湯浅治久
中世は核家族だったのか 民衆の暮らしと生き方―西谷正浩
出雲の中世 地域と国家のはざま―佐伯徳哉
中世武士の城―齋藤慎一
戦国の城の一生 つくる・壊す・蘇る―竹井英文
九州戦国城郭史 大名・国衆たちの築城記―岡寺 良
戦国期小田原城の正体「難攻不落」と呼ばれる理由―佐々木健策
徳川家康と武田氏 信玄・勝頼との十四年戦争―本多隆成
戦国大名毛利家の英才教育 元就・隆元・輝元と妻たち―五條小枝子
戦国大名の兵粮事情―久保健一郎

歴史文化ライブラリー

近世史